今日も明日も楽しい暮らし

高橋ミナ

WAVE出版

はじめに

フランス語なんて「アン、ドゥ、トゥロワ」「ボンジュール」しか知らなかった私が、ひょんなことから結婚してフランスに住みはじめたのは、今から30年ほど前の話。赤ちゃんが言葉をひとつずつ覚えて行くようにフランス語と向き合い、２人の子どもを育てながら、ブルターニュの静かな街で主人と一緒に小さな日本食レストランをやっています。

海外生活、結婚、出産、子育て、そしてレストラン経営。その何もかもが初めて経験すること。今思うと若気の至りというか、怖いもの知らずというか、それとも運命だったのか……、よく今日まで笑って過ごして来られたなぁと、自分でも感心するぐらいの無謀なスタートでした。でもこんなとんでもない環境だったからこそ、自分と向き合い、ときには開き直ったり腹をくくったりしながら、自分らしく生きる方法を見つけて来られたんだと思います。

フランスで生活をはじめた頃は、わからないことや不便なことが多すぎて、「こりゃ大変！」と思うこともありました。でも結局、どこに住んでいても人はそれぞれ違うもの。好きなものも、やりたいことも、そのやり方もみんな違う。それならば、細かいことにこだわらずどんな場面でも自分らしさを見つけられたら、料理も、掃除も、毎日の暮らしも、気持ちも、もっと楽になる。もっと楽しくなる。そんなふうに思いはじめたんです。

たとえば、フランスのスーパーでは日本の調味料はほとんど手に入らない。じゃあ、自分で作っちゃおう。お酒と砂糖を煮つめればみりん代わりになるし、めんどうならお砂糖だけでも構わない。

マルシェで季節の花を買ってきたけれど、ちょうどいい花瓶がない。じゃあ、水差しや小さなコップに分けて活ければ、あら素敵！

フランスの気候は一年中不安定だから、真夏でも寒い日がある。じゃあ、衣替えはやめて重ね着コーディネートを楽しもう。

蚤の市で見つけた古いマドレーヌの型。お菓子はめったに焼かないけれど可愛いから何かに使いたい。じゃあ、お皿代わりにしちゃおう。

こんなふうに、暮らしの中で起こる小さな悩みや困ったことは、自由な発想の「じゃあ」で大抵なんとかなるし、その積み重ねが毎日の生活に彩りを添えてくれることにも気がつきました。

そして、本当にどうにもならないときは手を抜いて、上手にごまかす方法もたくさん見つけました。主人や息子たちはそんな私のごまかしを見抜いているからか、いつも笑いながら変な感心をしています。「母さん、それってまるで詐欺！」って。

もともと能天気で細かいことにこだわらない私は、こうして家族におおらかに見守られながら、自分らしい暮らし方を見つけていったのです。

そうそう、フランスでは家の中の仕事をひとまとめにした「家事」という言葉をあまり使いません。たしかに「家事」っていう響き、あんまり楽しくないですよね。

でも、料理、掃除、洗濯、買い物、庭仕事……そんなふうにひとつひとつと向き合ってみると、得意なことや楽しみながらできる方法が見つかると思います。


これは、ずいぶん自分勝手で自己満足な私流の暮らしの話です。

日々の中で見つけたあんなこと、こんなことを書き綴ってみました。
本書を読んで、みなさんが「自分らしい暮らし方を見つけたい」と感じてくださると嬉しいです。

高橋ミナ

２０１９年10月

Chapitre 2

ものと人が響き合う場所

Les recettes

装幀　葉田いづみ
写真　高橋ミナ
イラスト　高橋空
編集協力　中村美砂子
校正　竹内葉子
DTP　システムタンク
編集　大石聡子（WAVE出版）

Chapitre 1

手のかからない豪華ごはん

4
32
FARINE
SEL

家のごはんが一番好き！

「あなたには、小さい頃からおいしいごはんを食べさせてきたから、大丈夫」

結婚するまで両親と一緒に暮らしていた私は、仕事の忙しさを言い訳に、家事も料理もしない、手伝わない、なんにもしない娘でした。そんな私が結婚するとなったとき、母が私に向かって言ったのが、冒頭の言葉です。

母の言う「おいしいごはん」とは、もちろん母が作る料理のことだから、まさに自画自賛。そう言われたときは呆れて笑ってしまったけれど、自分が母親になった今は、この言葉に込められた思いがとてもよくわかります。

「家では何にもしない子だったけれど、おいしいものをたくさん食べて育った。だからきっとおいしいものが作れるはずよ」って。

この大胆な予言は、まんざら外れてもいないようで、家族は「家のごはんが一番好き」と言ってくれるから、お世辞でも嬉しい。そして私の料理のお手本が、母の作る「おいしいごはん」であることは間違いありません。

子どもたちのお弁当に入れる卵焼きは、母のと同じようにウインナーを巻いて作ったし、餃子の中にネギとショウガをたっぷり入れるのも、やたらとたくさんの薬味を揃えたがるのも、自家製のたれやドレッシングを作るのが好きなところも、盛り付けや色合いにこだわるところも、温かいでき立てを家族に食べさせたがるのも、母の姿と重なるからおかしい。

でも、そんなことよりもなによりも、私が一番感謝しているのは、「ごはんを作るのは楽しい」と、さりげなく背中で教えてくれていたことです。

私が思い出す台所の母は、いつも楽しそうに、幸せそうにごはんを作っています。

おいしくなりますように、みんなが喜んでくれますように……。そんな母の思いを感じながら、私は日々、ごはんを作っています。

家では家族のために、お店では来てくださるお客様のために、毎日たくさんの料理を作ります。よく「仕事で料理を作っていると、家では作りたくないんじゃない?」って聞かれるけれど、自分でも不思議なくらい嫌になりません。お店での繰り返しの作業でさえ、飽きないし退屈しない。何年経っても、やっぱりごはんを作ることは楽しいって思うんです。

でも、フランスに住んでいるからといって、私が毎日、優雅にフランス料理を作っているかというと、とんでもない。むしろ、私の作る料理はとても簡単でシンプル。子どもたちが小さい頃は特に忙しく、時間に追われる中で、勢いに任せて一気に作るという毎日だったので、今でもそんな感じです。ただ、どんなときでも大切にしていることがひとつ。それはガサツにはしない、ということ。

たとえば、マルシェで買ってきたできあいのラザニアが今日のお昼ごはん、なんてこともありますが、そのままお皿に乗せて出すのではなく、自家製のトマトソースとチーズを足して、もう一度オーブンで温めます。熱々にでき上がったら、香りのいいハーブをパラパラッと散らし、サラダと一緒に「はい、召し上がれ！」とテーブルへあげると、ほら、とってもおいしそう。

そんなちょっとしたひと手間で家族が「家のごはんが一番好き」って言ってくれるなら、やっぱり、ごはんを作るのって楽しいって思いませんか？

日常こそ大切

くり返される同じような毎日。
だからこそ、「おいしい」とか「楽しい」とか、
ちょっとだけ心躍る瞬間が、
一日に何度もあったらいいなと思います。
人生においては「日常」のほうが
圧倒的に多いのですから。
三度三度のごはん作りもそう。
なるべく手間をかけずに、だけど心潤うもの、
作っている自分自身がときめくもので
家族のお腹を満たしたいんです。

「今日も元気？」を確かめ合う シンプルな朝ごはん

フランスの朝ごはんは、とてもシンプル。食卓に並ぶのはバゲットかクロワッサン、そして大きなボウルに入れたタプタプのカフェオレ。火を使うのはコーヒーを淹れるときぐらいです。

朝起きてきた主人と私は、どちらからともなくコーヒーを淹れ、パンを焼き、バターとジャム、お皿をテーブルに並べます。ほぼ毎日、同じことのくり返し。その間、会話はほとんどありませんが、そこには穏やかな空気が流れています。

この習慣は、子どもが小さかった頃から基本は同じです。もちろん子どもがいる朝は忙しく慌ただしいものですが、だからこそ、準備に時間をかけないシンプルな朝ごはんが助けになりました。

ついつい健康のことを考えて「品数を揃えなきゃ」「栄養のあるものを食べさせなきゃ」と思いがち。でも「何を食べるか」よりも「今日も元気？」を確かめ合う。朝ごはんってそういうものでも良いかな、と思うんです。

いつもと同じように朝を迎えられる。それは思っている以上に安心で幸せなこと。バゲットがいつもよりおいしかったり、子どもの「おはよう」がいつもより元気だったり。朝ごはんが、暮らしの中にある些細なことに気がついて安心できる時間になれば、きっと今日も良い日になるはず……。そんなことを思いながら、いつもと同じように少し濃いめに淹れたコーヒーと温めた牛乳を合わせたカフェオレをたっぷり味わいながら、寝ぼけた目を覚まして一日をはじめるのです。

フランスには、カフェオレにバゲッドやクロワッサンを浸して食べる習慣があります。だから器もカップではなく口の広いボウル。私はこの食べ方はしませんが、フランス人が大人になってもそんなふうに食べる姿は可愛く、ほほえましい。

パンとコーヒーではじまるシンプルな朝の食卓にも、私なりの小さなこだわりがあります。

それが、バターとジャム。大きな畑をもつ友人が手作りして分けてくれるジャムは、季節の果物そのままの味。そして、昔ながらの手練り製法の発酵バターやブルターニュの塩の結晶の粒がそのまま入った塩バター。ジャムとバターの「甘辛」の組み合わせが本当においしいんです。

いろんなパンや、ジャムの甘さとの相性も楽しみたいから、朝ごはんのために2〜3種類のバターを用意しています。

そして、これは朝ごはんに限りませんが、食卓に並ぶ食器やリネン類はお気に入りのものを使います。後ろの章で詳しくご紹介しますが、我が家にあるものは、とりあえず間に合わせで買ったものはほとんどなく、自分が好きなものだけ。そんな自分なりのこだわりがひとつでもあれば、シンプルでも納得の朝ごはんができあがります。

◎果物の簡単コンポート

リンゴ・イチゴ、バナナ、モモなど、季節の果物を砂糖と一緒に10分ほど弱火にかけるだけ。煮詰めすぎるとジャムになっちゃうから気をつけて！　果物の食感を残しながら、甘さも控えめに仕上げます。日持ちしないので2〜3日で食べきりましょう。

◎3種のバター

我が家では、発酵バターと塩の粒がそのまま入っている岩塩入りバターの２種類を常備。海藻入りバターは、熱々のゆでたジャガイモにおすすめです。

フランスのバターは日本でも購入可能。Echire（エシレ）やBeillevaire（ベイユヴェール）は専門店もあります。

発酵バター

岩塩入りバター

海藻入りバター

フランスこぼれ話

フランス語で「親しい友達」のことを「Copain（コパン）」と言います。「Co」は分け合うという意味。そう、友達という言葉の語源は「Pain（パン）を分けあえる人」ということなんです。恋人同士のことも「Copain（コパン／男性を指す）」「Copine（コピンヌ／女性を指す）」と呼び合います。普段何気なく使っている言葉の中に、こんな素敵な話を見つけるとちょっと嬉しくなります。

フランスこぼれ話

ずっと「フランス風トースト」だと思い込んでいたフレンチトースト。実は「フレンチさん」というアメリカ人のおじさんの名前が由来なのだとか。フランスでは「Pain Perdu（ダメになっちゃったパン）」と言います。なんだか悲しい名前（笑）。

でも硬くなってしまったパンもミルクと卵に浸してバターで焼き上げてバニラアイスを添えたら立派なデザートに。

一日を気持ちよくはじめるために、目に映るもの、手に触れるものはすべて、大切なものや愛すべきものと決めています。我が家の朝の食卓で使うのは、蚤の市で見つけてきたカフェオレボウルやフレンチリネン。アルミのケーキ型やキャニスターも、パンや果物、砂糖入れとして日常的に愛用しています。

忙しい日にこそ夜のおかずはかき揚げ

子育てと店の仕事に振り回されていた頃、なんとかしてサッと素早く手際よく、おいしいごはんが作れる方法を探していました。そのうえ、主人も子どもも絶対に好きなものってなんだろうと考えて行きついた答えが、ズバリ「揚げ物」です。

揚げ物って衣をつけるのが大変……、油っこいからカロリーが気になる……、後片付けがめんどくさい……などなどいろんな理由で敬遠されがちですが、コツさえつかめばすごく簡単で、作りやすい時短料理ばかりです。

たとえばフライのパン粉つけ。一般的には小麦粉をまぶし、卵に通し、パン粉をつけるので、揚げ上がった頃には調理台は粉だらけ。手もベタベタで、あぁ、めんどくさい！となりますよね。

でも私のやり方は大胆かつ簡単。最初に小麦粉と卵と水を一緒に混ぜ合わせ、その中に材料を放り込んで絡めます。後はパン粉をまぶして揚げるだけ。ほんの少し手順を変えるだけでものすごく作りやすく、後片付けもシンプルになりますよね。

煮込み料理に比べて、揚げるだけという短い調理方法は、サッとでき上がるのも嬉しいポイント。家族に「ご飯よぉ〜！」と声をかけてから揚げはじめても大丈夫。カリカリアツアツのできたてを、もりもり食べてもらいましょう。

後ろのページでは、揚げ物のおかずを「子ども用」と「大人用」にアレンジするアイデアをご紹介していますので参考にしてみてください。

◎ 卵いらずのかき揚げ
(レシピはp118)

我が家の揚げ物チャンピオンは、かき揚げ。卵は使わず、ほんの少しのマヨネーズで代用します。小麦粉と水も極力少なめなのでサクサクッと軽い食感でヘルシーです。タマネギやニンジン、カボチャなど、火を通すと甘味が増す野菜ならなんでもOK。小エビや青のり、桜エビなどを加えればさらに、おいしさがアップ。揚げる前に下味をつけておくので、そのまま食べてもいいし、天つゆ以外のソースにも合います。

◎ 平らなかき揚げで作る丼

一口サイズで平らな形にすると、火の通りが均一でサクサク、カリッと揚がります。盛り付けは、上に上に高く重ねましょう。

盛り付けを変えて、
子どもごはん、大人ごはんへ

かき揚げの場合

◎子どもごはんは
プレートに

ごはんの上にかき揚げ。そしてニンジンとレンコンのきんぴら、半熟卵とインゲンのゴマ和えを大きめのお皿に一緒に盛り付けて、お子様ランチのようなワンプレートに。

味のアクセントとして、食べるラー油などをトッピング。

ゴマだれ
(p46)

◎大人ごはんは
小皿に分けて

子どものワンプレートと全く同じものを小皿に盛り分けるだけで、すっかり大人のお膳に。これならお父さんの晩酌にも合いますよね。

仕上げとソースを変えて、
子どもごはん、大人ごはんへ

エビを使う場合

◎子どもには
シュリンプ&チップス
(レシピはp119)

子どもが食べやすいように、エビを一口サイズにしてサクサクに揚げたエビフライ。フライドポテトと自家製トマトソース(p55)を添えて。

一口サイズに
エビを丸める

◎大人には簡単エビチリ
(レシピはp119)

パン粉をつけずにエビを唐揚げに。お皿にチリソースを敷いて盛り付けたら大人っぽい一皿に。チリソースは自家製トマトソース(p55)に市販のエスニックソースを混ぜるだけ。

おやつは簡単クレープ 目分量でも大丈夫！

フランスにはおいしいスイーツがたくさんありますが、我が家の食卓に頻繁に登場する定番のおやつといえば、ブルターニュ地方の伝統的なお菓子、クレープ。小麦粉、卵、牛乳、砂糖を混ぜ合わせた生地を薄〜く広げて焼いて、チョコレートやジャム、生クリームなどをのせていただくシンプルなおやつです。

せっかちで大雑把な私のように、お菓子作りの基本である計量や、生地をじっくり寝かせたり、焼き時間をちゃんと設定したりするのが苦手な人も、コツさえつかめば目分量でもほとんど失敗しないのがクレープのいいところ。

日本にはホットケーキやクッキー、蒸しパンなどが簡単に作れる専用粉が売っていますが、クレープは家に常備している材料ででき、型は使わずフライパンで焼くだけなのでもっと手軽です。

思いついたらすぐ作れるうえ、シンプルなおやつだからこそ家族好みのアレンジもいろいろ楽しめます。ちなみに我が家はみんな揃ってバニラ味が大好きですから、市販のバニラシュガーを使います。手元にないときはバニラエッセンスを数滴。もしくは冷凍庫にバニラアイスがあればスプーンでひとさじすくって生地に混ぜ込むことも。

クレープを焼いていると、甘く優しい香りが家中に広がって、いつのまにかキッチンに家族が集まってきます。それも、私がクレープをせっせと焼く理由です。でき立てアツアツを頬張れるお菓子、ぜひ作ってみませんか？

最もシンプルな食べ方はバターとお砂糖。チョコレートやジャムともよく合います。

◎バニラクレープ（レシピはp120）

クレープを作るとき、私は薄く均一に焼け、裏返しやすいクレープパンを使っています。これはお好み焼きを焼くときにも重宝するのでおすすめです。深いフライパンで焼くときは、フライ返しより箸を使うほうがうまく取り出せます。

フランスこぼれ話

小麦粉を使ったものが「クレープ」、そば粉を使ったものは「ギャレット」と言います。薄くのばす焼き方はクレープと同じですが、ギャレットはハムや目玉焼き、チーズを包み込んでバターでパリッと焼き上げます。甘めのりんご酒「シードル」と一緒に食べるのがブルターニュ風です。シードルは取手付きのカップで飲むのが伝統的。赤と黒のラインが入った、ブルターニュ地方独特のデザインです。

◎イチゴのゼリー（レシピはp120）

私にとっての思い出のおやつはフルーツゼリー。甘酸っぱい果物の匂いと、ツルツルに光る表面。スプーンですくうとプルン、と揺れる不思議なおやつが大好きでした。このゼリー、呆気に取られるくらい簡単です。おいしさのコツは、愛情と同じくらい果物をたっぷりめに。

素材をよく知ること

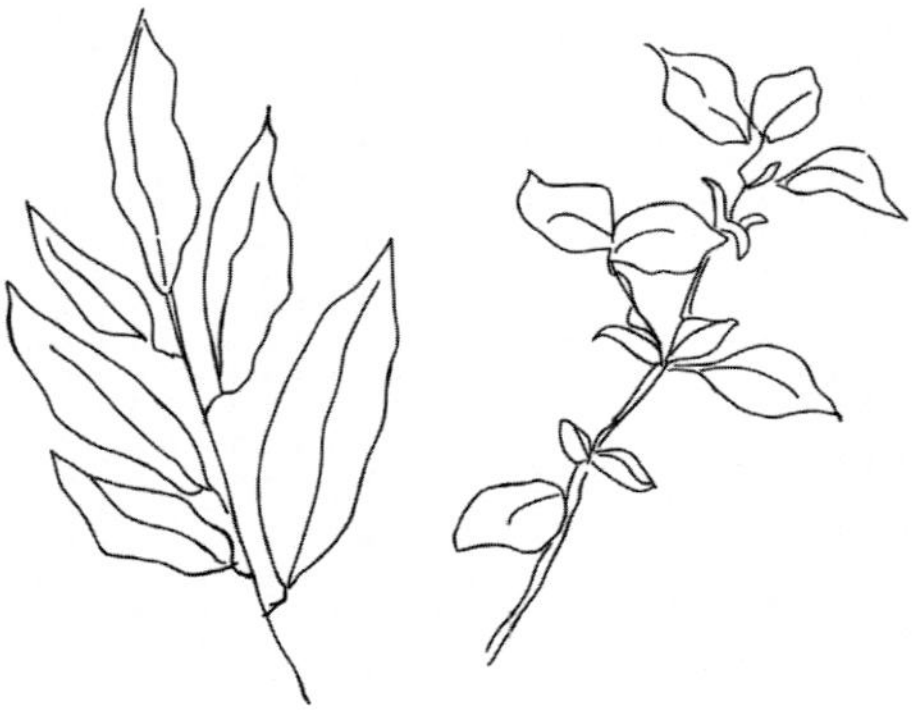

どんなに高級な肉や魚でも、
その特徴を知らなければ、味付けがボケたり、
火加減を間違ったりして残念な一皿に。
反対に、食材や調味料のことをよく知っていれば、
いつもの野菜をジャッと炒めただけなのに、
「絶品！」なんて最高の褒め言葉を引き出すこともできます。
素材と向き合って、知ろうとすることが
おいしいものを作る近道。
味付けもレパートリーも足し算から
掛け算へと広がります。

おいしい塩と
おいしいオイルがあるだけで

フランスに「Fleur de sel（塩の花）」と呼ばれる天然の塩があります。ブルターニュの海岸に広がる塩田で、太陽と風を受けて水分が蒸発し、花が咲くように浮かび上がった小さな結晶だけを手作業で摘み取った塩。海水をたっぷり含んでいるので、しっとりして自然のままの奥深い味わいがします。この「塩の花」との出会いが、塩の大切さに気がつくきっかけになりました。

　塩って、あたりまえに家にあるものなので、ついつい「いつもの」を使いがちですが、塩の世界に目を向けてみると、原材料や製法によって様々な種類があります。それらを使い分けると、料理の味がびっくりするほど変わるんです。

　たとえば一度、カツオや昆布とひとつまみの塩だけでお出汁をとってみてください。いろんな塩で試してみると、きっと違いがわかるはず。作る料理がシンプルであるほど、塩のおいしさが味の決め手になります。

　オイルもそうです。オリーブ、ゴマ、グレープシード、クルミなど原材料によって風味が違います。また、同じ食材、同じ調理法でも、オリーブオイルを使えばイタリアンに、ゴマ油を使えば中華風に。ドレッシングやマリネの調味料としても活躍するので、上手に使いこなせたら料理の幅がうんと広がって楽しくなりますよ。

　調味料好きの私は、いろんな塩やオイルが並ぶキッチンを眺めるのも好きです。「一緒においしいごはんを作ろう」って聞こえてくるようで。

「塩の花」は
日本でも買える。

いろんな
ハーブ
いろんな
オイル
いろんな
カレー粉
いろんな
スパイス
いろんな塩
ゴマ、かつお出汁、
乾燥エシャロット
など

行儀よく瓶が並ぶ棚は、元々はCDラックだったものを再利用しています。塩、スパイス、だしの素、ゴマや乾燥ハーブなど、ほとんどの調味料はここに収納。オイルもしまいこまずに、料理をしながら手の届く場所に並べています。使いやすさを優先しながらも、ある程度の統一感を持たせています。

瓶には適量のオイルがサラッと出て使いやすいコルク付きの栓が便利。

塩やスパイスを入れる容器には中身が見えるガラス瓶がおすすめ。素材、形、ラベルなどを揃えれば、ごちゃごちゃになりがちなキッチンもすっきり。

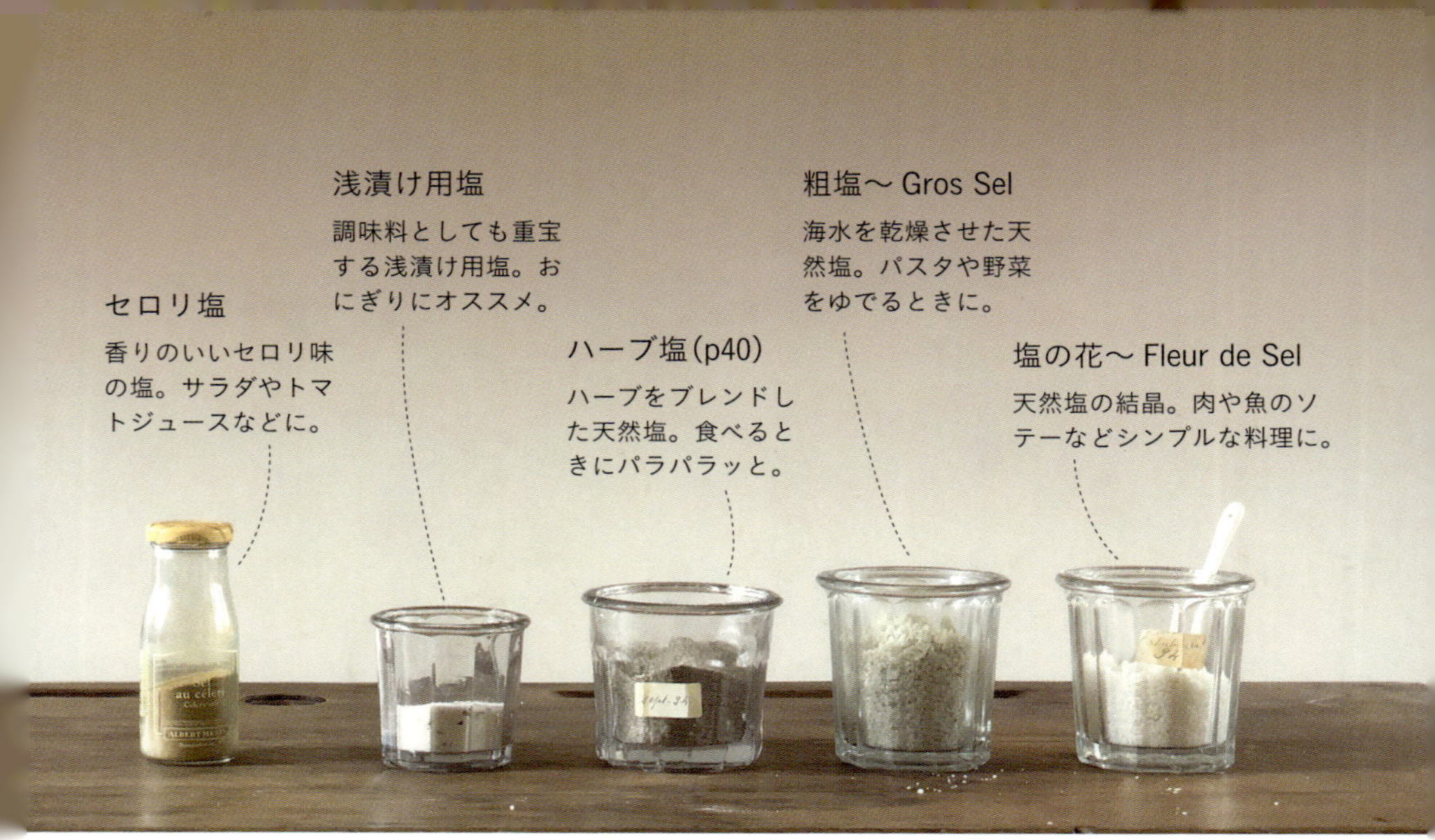
セロリ塩
香りのいいセロリ味の塩。サラダやトマトジュースなどに。
浅漬け用塩
調味料としても重宝する浅漬け用塩。おにぎりにオススメ。
ハーブ塩(p40)
ハーブをブレンドした天然塩。食べるときにパラパラッと。
粗塩〜 Gros Sel
海水を乾燥させた天然塩。パスタや野菜をゆでるときに。
塩の花〜 Fleur de Sel
天然塩の結晶。肉や魚のソテーなどシンプルな料理に。

塩いろいろ

一般的な塩が1種類あれば料理はできますが、特徴のある塩をいくつか揃えて使い分けることで、料理の仕上がりが変わります。私は5〜6種類の塩を常備して使い分けていますが、その中には市販の浅漬け用の塩などもあります。これは漬物に使うだけではなく、もっぱらおにぎりや炒め物に。旨味と昆布が入った優れた調味料として重宝しています。

◎柑橘塩

※写真はオレンジを使用

乾燥させたオレンジやレモン、ゆずの皮などと天然塩を混ぜ合わせたもの。爽やかな香りがするので、カルパッチョやサラダ、お刺身などのアクセントに！

同じ要領でハーブ塩(p40)もおすすめです。

自家製
唐辛子入り
オイル
ピリりと辛味が
効いているので
パスタやピザに。
クルミオイル
熱を入れると香り
が飛ぶのでドレッ
シングなどに。
ゴマ油
オリーブオイル
香り付けに乾燥し
たローリエの葉を
プラスして使用。
菜種オイル

オイルいろいろ

塩と同様、オイルも種類や使い方次第で料理の腕を左右するので、まずは特徴を知ることが大事。最も注意したいのが鮮度です。私は数種類のオイルを使い分けるので、中の色が見える瓶に入れ替えて使っています。よく使うオリーブオイルや菜種オイルは大きめの瓶に、使用頻度が少ない油は酸化しないように小さめの瓶に入れて鮮度をキープしています。

◎自家製ガーリックオイル（レシピはp121）

ぷりぷりに太ったおいしそうなニンニクを見つけたら、絶対作りたい「自家製ガーリックオイル」。これがあると、シンプルな料理もインパクトのある一皿に仕上がります。ソースやドレッシング、和え物、パスタなどいろんな料理に使える万能調味料ですが、炒め物に使う場合は、焦げやすいので最後の仕上げに使ってください。

塩とオイルのおいしさが
わかるシンプルな一皿
瞬間アヒージョ！

新鮮な食材に、熱々に熱した
オリーブオイルを
ジャッ！とかけて、
パラパラッと塩をひとつまみ
ふりかけるだけ。

◎タイの瞬間アヒージョ
(レシピはp121)

ニンニクの効いた熱々のオイルを新鮮なお刺身にかけていただきます。味付けは塩だけ！　タイの旨味をしっかり味わえる料理です。

残り野菜を塩とオイルに漬けて冷蔵庫で保存

使い切れなかったパセリやニンジン、パプリカなどは、塩とオイルに漬け込んで冷蔵庫に保管しておけば、いざというときのお助けアイテムに！

サラダやパスタ、チャーハン、オムレツの具にしたり、ゆで卵とともにマヨネーズで和えてタルタルソース、オニオンドレッシングに混ぜてサルサソースなどなど、いろんな料理の薬味やアクセントとして重宝します。

◎野菜のオイル漬け

細かく刻んだ野菜を強めの塩でもみ、10分ほど置いた後、しっかりと水気を絞ってオイルに漬け込みます。冷蔵庫で保管し、1週間ぐらいはおいしく使えます。

◎キヌアサラダ

野菜のオイル漬け、ゆでたキヌア、レーズンを混ぜてサラダに。お好みのドレッシングで味を調えてもOK。

ほんの少しのハーブを使って料理に西洋の香りをプラス

タイム、バジル、ローリエ、ローズマリー、ミント、オレガノ……。ハーブは、ヨーロッパではるか昔から、料理はもちろん、薬や保存のためにも使われている、とても日常的なものです。

私の場合、キッチンにいろんな種類のハーブが並ぶ風景に憧れて、小さなバジルの鉢植えを買ってきたのがはじまり。ふわっとよぎる独特の香りも好きで、使いこなせもしないのに完全に形から入ったタイプですが、おかげで私の料理のレパートリーにもヨーロッパの風が吹きはじめました。

「いろんなハーブを揃えても持て余してしまう」という声もよく聞きますが、それはとてももったいないこと。ハーブをほんの少し加えるだけで、食材の臭みを消す、料理に香りをつける、見た目を華やかにするなど、いろんなことに使えます。

土曜の朝のマルシェに、いかにも控えめで穏やかな女性が、ハーブだけを売っている小さなお店があります。私は彼女に、ひとつひとつ特徴や香りの違いを教えてもらいながら、使い方を覚えていきました。タイムやローリエなら煮込み料理に、淡白な魚料理にはフェンネルやアニス、肉料理にはオレガノやローズマリーなどをほんの少し加えるだけで奥深い味になります。

次からのページでも簡単な使い方を紹介していますのでぜひ参考にしてみてください。ただし、気をつけなければいけないことがひとつ。ハーブはたくさん入れすぎないこと。あくまでも控えめに香りが漂う程度に。

column

マルシェの
楽しい専門店

土曜日の朝のマルシェには、近所の広場に何百ものお店が並びます。その中には1種類しか売らない「こだわりの専門店」もあり、私が大好きなハーブ屋さんもそのひとつです。他にもニンニク屋、キノコ屋、リンゴ屋、カリフラワー屋などなど。

これらの専門店は、作り手と売り手が同じという場合が多く、育つ過程やおすすめのレシピなども聞けるので会話がとても楽しいのです。自分が育てた作物に愛情いっぱいのお店を一軒一軒廻って買い物をするのも朝市の醍醐味。日本でもマルシェが増えているので、足を運んでおしゃべりしてみては？

大好きなハーブ屋さん。彼女の佇まいと瑞々しいハーブからは、ちょっとオーバーだけど誠実に生きることの大切さを感じます。

たまご屋さん

ニンニク屋さん

パン屋さん

カリフラワー屋さん

トマト屋さん

ハーブの乾燥と保存方法

マルシェで買ってきたフレッシュなハーブは、サッと水洗いして汚れや傷んだ葉を取り除き、枝つきのまま風通しの良い場所で自然乾燥させます。あとでそれぞれ瓶に入れて保存するので、種類が混ざらないように、別々のカゴに入れて乾燥させます。

乾燥させたハーブを新聞紙の上に広げ、葉を枝から落として手のひらですり合わせながら細かくし、瓶に入れて保存します。

いつも一緒に使うハーブを数種類、大きな瓶に枝ごと入れておき、使う時に瓶の中でハーブをバラバラにもみほぐして使うこともあります。

形の揃ったシンプルなガラスの密閉容器に入れて保存。手が入りやすい広口の容器がおすすめです。

買ってきたばかりのハーブは、根っこや土、傷んだ葉がついたまま。

◎ハーブバター

常温で柔らかくなったバターに、タイムやパセリ、すりおろしたニンニクを混ぜてできあがり。冷凍保存する場合はラップで棒状に固めたものを輪切りにしておくと、使うときに便利。カレーやムニエル、グラタンなどに合います。

ハーブの使い方、いろいろ

食材の臭みを消したり香りを付けたり、料理に大活躍のハーブ。他にもバターや塩と混ぜたり、氷に閉じ込めたり……。このページでは、ハーブを使い慣れない人にも取り入れやすい使い方をご紹介します。

◎ハーブ塩

お好みの乾燥ハーブと塩の結晶をすり鉢ですり合わせて、自家製ハーブ塩に。食卓に置いて、料理のアクセントとしてお好みでふりかけて使います。いろんなハーブで作ってみましょう。

◎ハーブ
アイスキューブ

鮮度のいいミントやヴァーベナなどをお水と一緒に製氷皿に入れて凍らせます。炭酸水やアイスティーなどに浮かべるとおしゃれなドリンクに。

◎ブーケガルニ

ローリエやタイムを小さな束にして、ロールキャベツやポトフなどの煮込み料理に。お料理好きな友達へのちょっとしたプレゼントにもぴったりです。

ティーバッグに入れて使うと便利。

色鮮やかなバジルソースで

ほとんどのハーブは乾燥させて保存できますが、バジルやパセリはフレッシュなまま使う方がおいしいので、冷蔵庫で保存。使い切れない場合は、ひと手間かけてバジルソースに。

◎簡単バジルソース

フレッシュバジルとオリーブオイル、ニンニク、松の実などをミキサーにかけてバジルソースに。少量だったらすり鉢でもOK。シンプルなパスタや魚料理によく合います。

◎ラディッシュの
バシルソースサラダ

薄くスライスした赤カブを水につけてパリッとさせ、バジルソースをかけていただきます。ラディッシュの赤と白に、ソースの緑が映える美しいサラダです。

上手な時間の使い方

「忙しくて時間に追われてる」。
そう感じた途端に、いろんなことがつらくなるけれど、
本来、時間は敵じゃありません。
煮物や漬け物のように、
時間がおいしくしてくれるものもあれば、
道具を使って時間を節約することもできます。
忙しいからこそ、時間を味方につけて、上手に使って、
時間に働いてもらったら、
ごはん作りがずいぶんラクになります。

時間がおいしくしてくれる
万能オニオンマリネ

「味がなじんでおいしくなるまでじっくり待たなあかんよ」。大きなすり鉢の中で素材を混ぜ合わせながら、祖母はいつも言っていました。作っていたのは我が家に伝わる、ゴマとニンニクと唐辛子がたっぷり入った醤油だれ。子ども心に「時間がおいしくしてくれる」ということを教えてくれたのが、この秘伝のたれでした。

家の冷蔵庫に常備している「オニオンマリネ」も、このたれのように時間がおいしくしてくれるもののひとつです。作り方はとても簡単。タマネギを薄くスライスし、出汁の効いた甘めのお酢に漬け込むだけですが、時間とともにまったりまろやかな味わいになっていくんです。

そのまま食べてもおいしいし、サラダにトッピングしたり、ドレッシングのベースにしたり、調味料として使ったり。他にも、タマネギの旨味がたっぷり含まれたお酢を炒め物の隠し味にしたり、生のお肉になじませてプリプリに焼き上げたり、サンドイッチに挟んだりと、本当に万能。長期保存できるうえ、和洋中いろんな料理にアレンジできるので重宝しています。

忙しい家事の助けとして、おかずをたくさん作りおきして冷蔵(冷凍)で保存するという方法もありますが、時間とともにおいしさが損なわれてしまうこともありますよね。

その点、オニオンマリネは「料理をパパッとおいしく仕上げる」手伝いをしてくれるもの。時間を味方につけた常備菜です。

我が家の冷蔵庫に年中常備しているオニオンマリネ。トッピング、薬味、隠し味など使い方はいろいろありますが、私はドレッシングやマリネ液など万能調味料として使うことが多いです。
1ヶ月ほど日持ちしますので、たっぷり作って活用しましょう。

◎オニオンマリネ(レシピはp122)

タマネギを薄くスライスして、出汁の効いた甘めのお酢に漬け込みます。スライスした後、水にさらさずタマネギの旨みをまるごとお酢になじませまるのがポイント。日を追うごとにとろみが出て、まろやかな味になります。

◎オニオンマリネから 3種のドレッシング

オニオンマリネが冷蔵庫に常備してあれば、これをベースにいろんなタイプのドレッシングをササッと作ることができます。作りたてのドレッシングは、料理の味をさらにおいしく引き立てます。

①

イタリアン(洋風)

オニオンマリネ
+
薄切りのパプリカやニンジン、お好みのハーブ、レモン、オリーブオイル

②

梅しそ(和風)

オニオンマリネ
+
細かく刻んだ梅干しと赤シソの葉、ゴマ

③

ゴマだれ(中華風)

オニオンマリネ
+
ゴマ、醤油、マヨネーズ、ゴマ油
※ハンドブレンダーでとろとろに

3種のドレッシングを使った料理

◎イタリア風南蛮漬け

カリッと素揚げしたサーディンや白身の魚、サーモンなどに右ページの①をたっぷりのせて、イタリア風南蛮漬けに。

◎刺身とレンコンの梅酢和え

刺身用の新鮮な魚介と右ページの②を和えて、湯通しした薄切りレンコンと混ぜ合わせ、見た目もきれいな一品に。

◎餃子のゴマだれ添え

餃子に右ページの③を添えるだけ。他にも、生春巻き、サラダ、かき揚げ、唐揚げなど、いろんな料理に合います。

◎基本のマリネ液
（レシピはp122）

オニオンマリネ（p45）にたっぷりのオリーブオイル、お好みのハーブ、バルサミコ酢、こしょうなどを合わせて基本のマリネ液を作ります。

マリネ液でなじませる

強火で炒めたキノコや、オーブンで素焼きしたパプリカ、千切りしたカラフルなニンジンなどをマリネ液に漬け込み、冷蔵庫で一晩寝かせることで、まったりおいしい一品ができあがります。お酢の力で日持ちもよく、お弁当のおかずにも使えます。

◎おすすめのマリネ
（レシピはp123）

パプリカのマリネ

キノコのマリネ

ニンジンのマリネ

豚肉を少量の
マリネ液に漬けて
冷蔵庫へ

一晩寝かせる

オーブンで
20分ほど焼いて
できあがり。

◎マリネ液で焼き上げるローストポーク(レシピはp124)

豚肉のかたまりをタマネギと基本のマリネ液(右ページ)に漬けて、冷蔵庫で一晩寝かせます。常温に戻した後、200℃のオーブンで20分ほど焼き上げたら、洋風焼き豚ができあがります。スライスして大皿に盛りつけ、晩ごはんのメインディッシュに。存在感があるので、パーティー料理にもぴったりです。

ラーメンにも！

冷蔵庫で3〜4日は保存できるので、翌日のお弁当のおかずや、細かく刻んでチャーハンに入れてもOK。味付けは洋風ですが、ラーメンにも合います。食べる前にバーナーでサッと炙ると、焼きたてのような香ばしさに。

バーナーとブレンダーを使いこなせばレパートリーが増えて大幅時短！

2001年に公開されたフランス映画「アメリ」。その劇中に、主人公が大好きなお菓子として「クレームブリュレ」が登場します。表面が薄いパリパリのお砂糖でおおわれていて、中はとろんとしたプリンによく似たデザートです。表面をスプーンで「バリッ!!」と割ると、甘い香りがふわっと漂う、この手応えと香りがこのお菓子のおいしさのひとつです。

以前レストランで注文したとき、パティシエが私たちの目の前でお砂糖を振りかけて、バーナーでパリッパリに焼いてくれました。そのとき「私もやりたい！」と思ったのが、私がバーナーを使いはじめたきっかけです。

これ、使ってみると思った通りとても楽しくて便利な道具です。そのプロっぽい見た目から「素人が使えるの？」と怖がる人もいますが、本当に簡単。

私が使っているのは、カセットガスに直接取り付けるタイプのものです。ホームセンターや大手通販サイトなどで「クッキングバーナー」「トーチバーナー」の名称で入手でき、値段も2千円弱とお手頃。家にあるカセットコンロと同じメーカーのものを購入すると、ガスを共有できるのでさらに経済的です。

我が家では、バーナーでマグロのたたきを作ったり、グラタンの表面を軽く炙ったり、パルメザンチーズをパリパリのおせんべいにしたり、キャンプやBBQなどいろんな場面で活躍しています。

そしてもうひとつ、我が家で大活躍している道具が、ハンドブレンダーです。

片手で「つぶす／混ぜる／刻む／泡立てる」が簡単にできるパワフルなキッチンツールですから、お菓子やフレッシュジュースを作るときや、野菜のみじん切り、離乳食作りなどに活用している人も多いのではないでしょうか。

私はソースの仕込みや、ドレッシング作るときなどによく使っています。

たとえば、野菜をコトコト煮込んだ大鍋にブレンダーを直接入れて回し、鍋いっぱいの野菜スープを作ります。

そしてこのスープをベースに、カレーソースとトマトソースを作り置きし、それを小分け冷凍しておいて、カレーライスやカレーうどん、オムライス、ミートソースなどいろんな料理に活用しているんです。

ソースを冷凍庫に常備しておくと、煮込む時間の短縮になるので忙しい日でもササッと夕ごはんを準備できます。小分けにしてあるので、子ども用と大人用とで別鍋にして具や味を変えることも簡単にできるのでとても便利です。この活用法については後ろのページで詳しくご紹介していますので、ぜひ参考にしてみてください。

ハンドバーナーとハンドブレンダーの良いところは、小さなボディで大きな働きをしてくれるところ。シンプルな道具だから後片付けも簡単、コンパクトだから収納場所にも困りません。

私の毎日のごはん作りは、こんな賢いキッチンツールに助けられています。

ハンドバーナーを使って

スイッチをカチッと入れると、バーナーの先から炎が吹き出てきます。食材の表面に焼き目を付けたいときなどにガァーッとやると、プロっぽい仕上がりに。

(!) まわりに燃えやすいものは置かない。シンクの近くで使うのがベスト。

◎マグロのたたき

(レシピはp125)

マグロの柵に塩を軽くふってなじませ、金属トレーの上で表面を炙ります。
あとは食べやすい厚さに切って、ツマや薬味と一緒に盛り付けてできあがり。調理時間はたったの5分です!

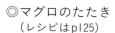

◎炙りオイルサーディン

缶詰のオイルサーディンを開けて、表面をバーナーで炙ります。全体は温まりませんが、香ばしくなって風味が増すのでそのまま食べるよりおすすめ。オーブンに入れるより簡単です。

◎チーズフォンデュ風スープ

スープにパンとたっぷりのチーズを入れて、バーナーで炙っていただきます。トロトロに溶けたチーズと香ばしいパンが、心もおなかも満たしてくれます。オニオンスープがおすすめ。

◎ホタテのミニグラタン

軽く炒めたホタテにベシャメルソースとチーズをのせて、バーナーで炙るだけ。ソースにカレー粉やスパイスを混ぜてもおいしいです。ホタテの代わりに、エビやピラフ、パスタなどでもOK。

◎焼きおにぎり

バーナーを使うと、網で焼くよりもずっと簡単にできます。特に、温め直したごはんで作るおにぎりは、甘辛味噌をぬってまわりを軽く炙るなど、ひと手間かけると、断然おいしくなります。

ハンドブレンダーを使って

食材を簡単にトロトロにできるハンドブレンダー。オニオンマリネを使ったドレッシングや、ソースの仕込みなどに使いますが一番はこれ！カレールーとトマトソースをたっぷり仕込むときに大活躍します。

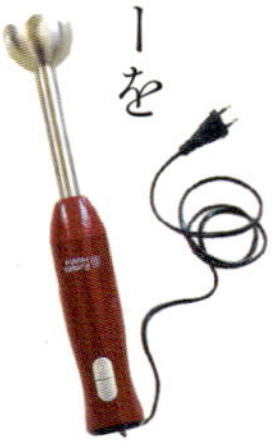

◎野菜スープから カレールー・トマトソースへ

大きな鍋で野菜スープを作ります。

細かく切ったタマネギやニンジン、ズッキーニ、ナス、トマト、ピーマン、セロリ、ニンニクなどをたっぷりのオリーブオイルで炒めます。野菜が色づいてきたら、全体がひたひたに浸かる程度の水とブイヨンを入れてコトコト煮込みます。

おいしそうな野菜スープができたところでハンドブレンダーの登場。お鍋に直接入れて野菜をピューレ状にします。これを2つに分けて、カレールーとトマトソースを仕上げていきます。一気にたくさん作って冷凍し、「なくなったら作る」を繰り返している我が家の定番保存食です。

ブレンダーにかける前、小鍋にとって味を調え、お好みのスープに。写真はマカロニを足してミネストローネ風。

◎カレールー

前ページの野菜スープに好みのカレースパイスやハーブを足して、さらにコトコト煮込んだら、自家製野菜カレールーのできあがり。たっぷり作って小分けにし、冷凍保存します。食べるときに、このルーをベースに材料を変えるだけで、いろんなカレーが簡単に作れます。

市販のルーでもOK!

◎トマトソース

野菜スープにトマトを足して、もう一度ハンドブレンダーをかけます。タイムやローリエなどのハーブで香りをつけて弱火でコトコト煮込んだら、自家製トマトソースのできあがり。小分けにして冷凍保存しておくと、パスタ料理、煮込み料理、オーブン料理のソースをサッと作れます。

トマトの缶詰でもOK!

冷凍しておいたカレーソース・トマトソースの活用法

トマトソース

カレールー

◎ラザニア

トマトソースをラザニアに活用。チーズをたっぷりのせてオーブンで焼くと、簡単にプロの味に。

◎シーフードカレー

魚介類を炒めてカレールーと和えるだけ。ハーブバター(p40)や生クリームをのせると本格的。

◎自家製トマトケチャップ

トマトソースを煮込み、味を調えてケチャップに。ベースが野菜スープなのでコクがあっておいしい。

◎トロトロカレーうどん

うどんに温めたカレールーをかけて薬味をのせるだけ。ゆで卵を加えるとボリューム満点!

「日常のもの＋α」でおめかし

お招きの日の食卓だからといって
ゴージャスなメニューや
華やかなテーブルセッティングはいりません。
普段自分たちが食べているものに
ちょっとだけ手を加えて並べます。
こうしたら取り分けやすいかな、食べやすいかななどと、
ゲストの顔を思い浮かべながら
「いつものメニュー」をおしゃれに変身させるんです。
無理も背伸びもしないから、自分も存分に楽しめます。

休日はアペリティフを楽しむ

フランスでよく耳にする「アペリティフ」とは食前酒のこと。食事前に軽めのお酒を飲みながら会話を楽しむ時間は、フランスの愛すべき日常のひとコマです。レストランでの友人たちとの食事は、まずこのアペリティフからはじまります。

キールやマティーニなどの少し甘めのお酒や、特別な席ではちょっと贅沢にシャンパンを、オリーブやサラミなどの軽めのおつまみと一緒にいただきながら、食事までの時間を楽しみます。

このようなおつまみの名前を総まとめにして「アミューズ・ブッシュ」と言いますが、これは「口が喜ぶ」という意味なんです。その名の通り、口が喜ぶから会話も弾みます。私はこの食事でもない、おやつでもない中途半端でリラックスできる時間が大好きです。

そこで、みなさんにもアペリティフのすすめ。ゆったりした休日は、家族でアペリティフとともに過ごしてみませんか?

テレビを観ながらでもゲームをしながらでも、本を読みながらでもいいんです。大人はビールやワイン、子どもはジュースなど、それぞれが好きなものを片手にアミューズ・ブッシュをつまみながら過ごすと、いつもと違う会話が飛び交うかもしれません。そうして家族で楽しい時間を過ごせたら、夜ごはんは簡単なものですませてもきっと満足感が得られます。そこで次のページでは、チャチャッとできてついつい手が伸びる、楽しいアミューズ・ブッシュをご紹介します。

カリカリ

音までおいしい、つまみ食い

「楽しいつまみ食い」をイメージして、ついつい手が伸びるアミューズ・ブッシュをいくつか集めてみました。カリカリパリパリポリポリ、食べる音までおいしそう。

パリパリ

ポリポリ

◎カリカリベーコン

薄切りベーコンを160℃のオーブンで焼いてカリカリに。フライパンを弱火にかけ、オイルを使わず両面を焼いてもOKです。

◎パリパリチーズ

粉状のパルメザンチーズを弱火にかけます。油分が浮き出たところで火を止めて、パリッと固まったらできあがり。ナッツを散らしてもおいしい。

◎ポリポリレンコン

薄くスライスしたレンコンを、水にさらしてアクを抜きます。水気を切って、170℃程度の低温の油でゆっくり揚げます。

◎サクサクスティックパイ

市販のパイシート2枚の間に、アンチョビやベーコン、ドライトマトなどお好みのものを挟んで伸ばし、細く切って200℃のオーブンで20分ほど焼きます。サクサクサクと頬張るのが楽しいスナックです。

フランスこぼれ話

アペリティフでは、果物のリキュールを白ワインで割ったキールやマティーニ、ビールなどをよく飲みますが、特別なときはシャンパンをいただきます。シャンパーニュ地方産の本物は、フランスでも値段が高いですが、ポンッ！と良い音で栓を抜いてシュワシュワの泡をグラスに注ぐ様は格別です。シャンパングラスといえば、今はフルートと呼ばれる縦長の形が一般的ですが、40年ほど前までは、クープという広口のグラスの方が好まれていました。蚤の市を歩いていると、その頃に使われていた、いろんな形のシャンパングラスに出会います。中でもキラキラひかるクリスタルのグラスは本当にきれい。我が家でも特別な日にだけ、キラキラのバカラでシュワシュワを楽しむのです。

簡単アミューズ・ブッシュ
イメージは「ピンチョス&タパス」

世界中の食いしん坊が集まるスペインのサンセバスチャン。ここは昔から「美食」をテーマに街おこしをしていて、食べ歩きを楽しむ人々で年中賑わっています。

スペインといえば、生ハムやチーズ、オムレツなどの小皿料理「タパス」が知られていますが、この街では、いろんなおつまみを組み合わせて串に刺した「ピンチョス」も有名です。どこのバルでもカウンターに所狭しとピンチョスやタパスが並んでいて、みんなワインを片手につまみ食いしながら、おしゃべりに花を咲かせています。

このゆるゆるとした時間の過ごし方、真似できたら楽しいですね。ピンチョス&タパスは自宅でのアペリティフにもぴったりです。

◎お家タパス

小皿に並べるのは手のかからないシンプルなもので大丈夫。生ハムやメロン、オリーブ、瓶詰めのアーティチョーク、タコのオリーブマリネ、トマトとオニオンスライス、ししとうの素揚げなど。串に刺したり小さなパンの上にのっけたりして、ちょこちょこつまみながら話に花を咲かせます。

◎ピンチョスって？

もともとはスペインバスク語で「串」という意味。今では串を使わないフィンガーフードも「ピンチョス」と呼ばれています。

◎タプナード
（レシピはp126）

オリーブをアンチョビやニンニク、ケッパーや松の実などと混ぜてペーストにしたもの。オリーブの代わりに、ドライトマトや焼きナス、パプリカを使ったペーストなどもあります。薄くスライスしたパンにたっぷりのせて食べるとついついワインがすすみます。

タプナードは塩気とオイル分を多く含むので、淡白な魚やチキン、ポークなどのソースとしても使えます。サッとソテーしただけのシンプルな調理法でも、タプナードを添えるだけでオリジナルな一皿が完成！

◎カラフルディップクリーム

市販のクリームチーズに、いろんなものを混ぜて「自家製ディップ」に。何を混ぜてもいいですが、たとえばアンチョビやチョリソーなど、旨味と塩気が強いものと好相性です。食べるラー油や梅干し、タラコなど、ごはんの友とも合います。

薄切りのバゲットや食パンを軽くトーストしてディップクリームと一緒に。カリッとした食感や音も一緒に楽しんで。

ドライフルーツ
チョリソー
ガーリック
ハーブ
食べる
ラー油
黒オリーブの
タプナード
梅のふりかけ
赤パプリカ
マーマレード

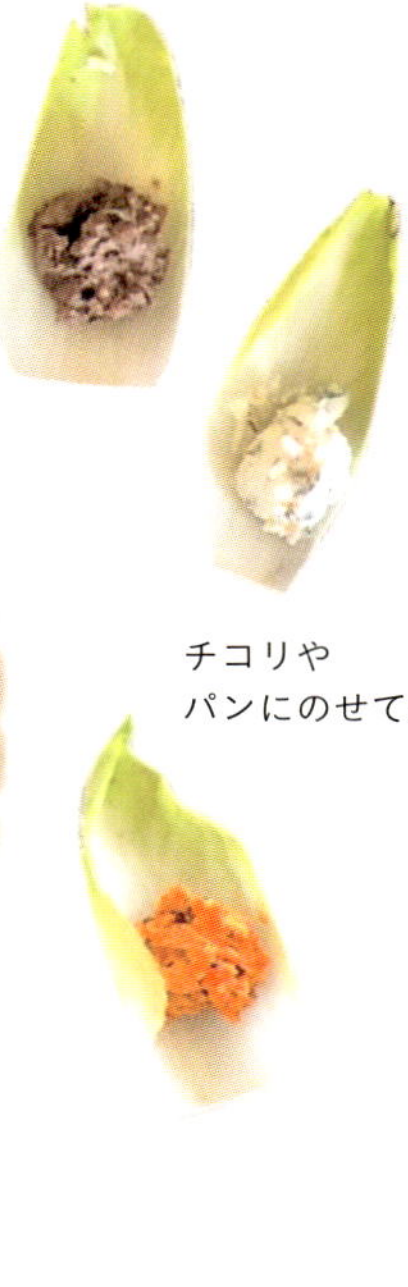

チコリや
パンにのせて。

いつものごはん＋αでお招きの食卓を設える

フランス人は食事を楽しむことが上手です。そしてとてもおしゃべり。ともにテーブルを囲む人たちとずっと笑いながら喋っています。まさに、一緒に過ごす時間を会話と食事で楽しむ天才たち。そんな彼らに、自分たちが作った料理を「ごちそうさま。おいしかったよ」と言ってもらえると、素直にうれしいんです。

こんなふうに楽しい時間と場所を作り出せるのはとても素敵だし幸せな仕事だと思います。それは家でも同じです。息子たちが独立し、いまでは主人と2人になった夜ごはんも大切だし、友だちを家に招いて一緒にごはんを食べるのも大好き。数人でテーブルを囲んでゆったりと過ごすのも心地いいし、たくさんの人たちとの賑やかなパーティーも楽しい。

いろんな場面でみんなが喜んでくれる顔を想像しながら献立を考えますが、「特別なご馳走を作らなくちゃ！」とは思いません。ちょっと古いたとえだけれど、クリスマスだからといって作ったこともない七面鳥の丸焼きなんて焼いて失敗したら大変！　だから、背伸びして特別な料理を作るのではなく、普段から自分たちが食べて「おいしいなぁ」って思っているもの、そんな得意料理をいつもよりちょっと時間をかけて、お招き風に作ります。

そう、お出かけのときに、いつもよりも丁寧にお化粧しておしゃれするみたいに。中身は同じ「私」でもちょっと素敵に見えるように。

たくさんの友人を招待するときは、大皿に盛り付けた料理を、それぞれが好きにとり分けるスタイル。好き嫌いの心配もいらないし、ゲストが自分のペースで食事ができるように。

◎我が家の夏の定番
トマトのシロップ漬け（レシピはp127）

レモンをぎゅっと絞った甘めの砂糖水に、湯むきしたミニトマトを漬け込んで冷やすだけ。甘酸っぱくて、スイカのような不思議なトマトができあがります。

レモンの香りのシロップはジュースとして飲んでもOK。冷蔵庫で5日間ほど保存可能です。

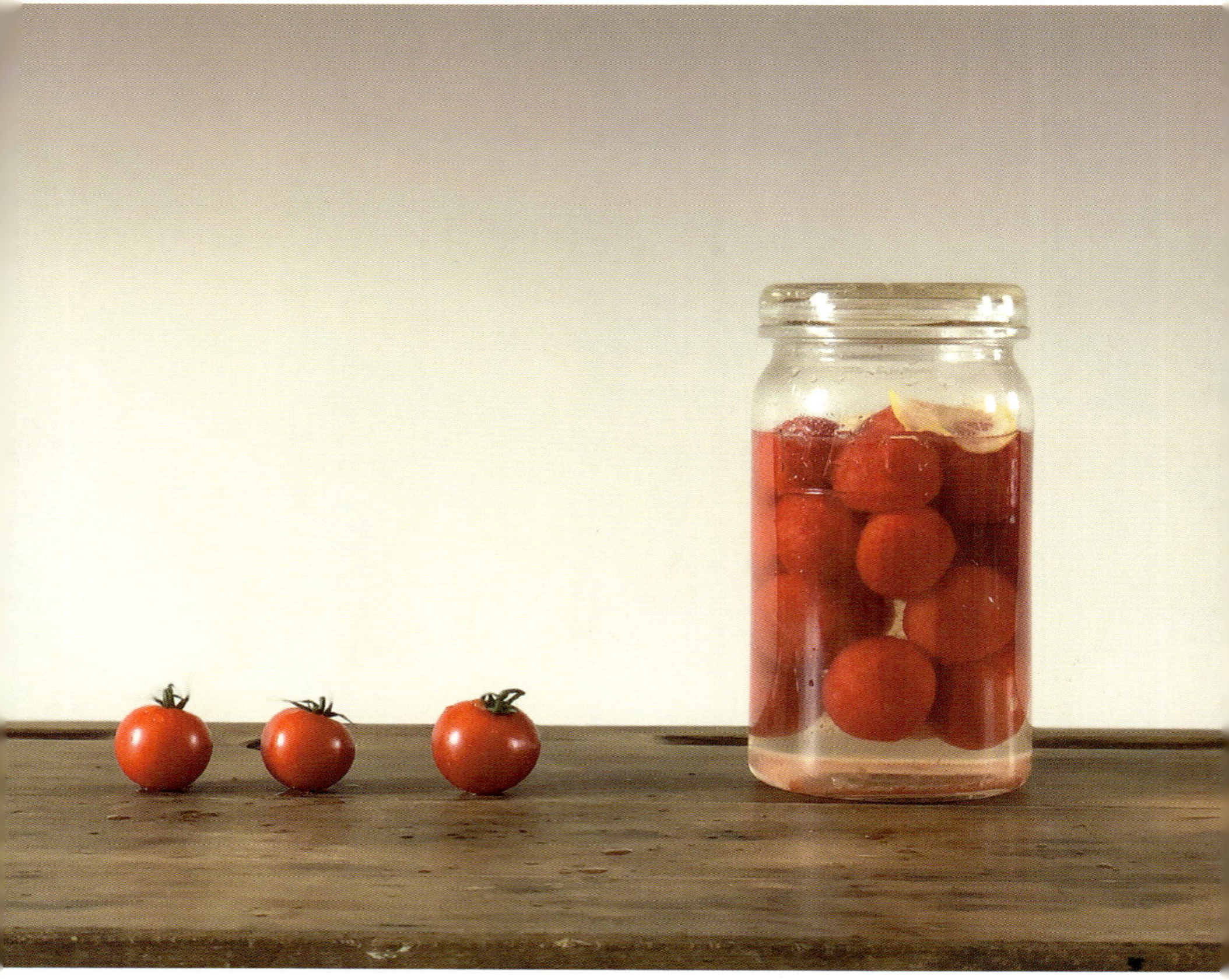

子どもの頃、冷やしたトマトに砂糖をかけておやつ代わりに食べていました。
そんな夏の日を思い出す味。普段は大きな瓶ごと食卓に出します。

お招きのときは、シロップをゼラチンで固めます。フォークを使って細かくくずしたらキラキラの甘ずっぱいゼリーのできあがり。

ゼラチンは少し硬めのほうが、くずしたときにキラキラ度が増します。

◎ケーキのような VERRINE（ヴェリーヌ）

いつものお刺身やサラダをガラスのカップに重ねて入れるだけで、お招きバージョンに。マグロの漬け納豆やスモークサーモンをデザートのようにスプーンでいただきます。おもてなしの食卓で話題を提供する一品です。

岩のり
マグロの漬け
とろろ芋
納豆
小口ネギ
とろろ芋

マグロの漬け
とろろ芋納豆添え

イクラ
ゆで卵
（白身・黄身）
スモーク
サーモン
ゆで卵
（白身）
キュウリ
アボカド＋
マヨネーズ

サーモンアボカド
イクラ添え

グリーンアスパラ
キヌアサラダ
（p35）
トマト
バジルソース
（p42）
モッツアレラ
チーズ

キヌアサラダ
チーズ＆トマト添え

(!)

水分の多いものは避け、重ねても混ざり合わない素材を選ぶことがポイント。

カリカリちりめん

ナッツ

ベーコン

ネギ

あられ

ガーリックフライ

オニオンフライ

炒り卵

パリパリチーズ

◎トッピングでおめかし

料理を盛り付ける際、ゴマやネギなどの薬味はもちろん、いろんなトッピングで飾ると見た目も食感も楽しいお皿に。普段の料理が素敵なよそゆきに仕上がります。

◎マグロのたたき(p125)を大皿でドン！

バーナーで炙ったマグロのたたき。お招きのときは、大皿に大胆に盛りつけて食卓の主役に。いろいろなトッピングやソースを用意して、味も食感もお好みで食べてもらいます。

◎ソースでおめかし

メインディッシュがシンプルな料理でも、ソースやドレッシングを数種類揃えておくと、おもてなしの食卓がにぎやかになります。

ゴマだれ（p46）

バジルソース（p42）

イタリアン（p46①を細かくみじん切りに）

タルタル（イタリアン＋ゆで卵＋マヨネーズ）

ピリ辛みそ（ゴマだれ＋白みそ＋食べるラー油）

エスニック（市販のタイやベトナム系のソース）

◎色とりどり　野菜ディッシュ

ニンジン、カブ、レンコン、ブロッコリー、カリフラワー、アスパラ、トマトやラディッシュなど、様々な野菜を一口サイズに揃えて、お皿に彩りよくならべます。いろんなソースと一緒にテーブルへ。野菜スティックよりも、華やかで楽しいお招き料理を演出できます。

エスニック中華風

エビ、薄焼き卵、キュウリ、レタス、ゆでたささ身など

◎春巻きサラダ

取り分けが難しいサラダは、
春巻きにして一口サイズに。
具材とソースの組み合わせで
いろんなアレンジが楽しめます。

フランス風

スモークサーモン、ゆで卵、アボカド、キュウリなど

イタリアン風

生ハム、モッツアレラチーズ、ドライトマト、バジルなど

番外編 寿司風

寿司飯、エビ、うなぎ、卵焼き、キュウリなど

◎いつものおやつを
「とびきりのデザート」に

市販のケーキやタルトを使って、サロンドテ並みの素敵なデザートに。飾りつけには「ふわっ、とろっ、カリッ、サクッ」といった食感の違いがあるものを選ぶと楽しい一皿になります。

いつものケーキ、
いつものフルーツ、
いつものアイスクリーム。
お皿において、のっけて、
ちりばめて。

①
最初に主役の
ケーキを配置。

②
ナッツやフルーツを
散りばめる。

③
最後にアイスやホイップで仕上げます。

クロスを１枚敷いてお皿をシンメトリーに配置すると、エレガントな食卓に。

Chapitre 2

ものと人が響き合う場所

5
7
8
9

「もの」との信頼関係が大切

フランスでの私の暮らしに、楽しさと彩りを与えてくれるもの。それは「マルシェ」と「蚤の市」です。

土曜日の朝のマルシェでは、１週間分の食材と、仕事場と自宅用の花を買います。畑から抜いてきたばかりの野菜や花は、季節に正直で、見るからに生き生きとしています。自分で汚れを落したり、いらない葉っぱや枝を切り落とすのは手間がかかりますが、週に一度、生活のリズムを整えてくれる大切な習慣です。

そしてもう一つが蚤の市。これもフランスではとても日常的なものです。ほぼ一年中、週末になると「BROCANTE(ガラクタ)」「VIDE GRENIER(屋根裏を空っぽに)」という呼び名で、あちこちで開かれています。

古いものが好きな私にとって、いろんな町や村の蚤の市に出かけるのが何よりの楽しみです。年に一度発売される「蚤の市カレンダー」を片手に、大きな買い物かごを車に積んで、田舎道をどんどん走ります。

たどり着いた小さな村では、子どもからおじいさん、おばあさんまでが、教会の広場を中心に車道や歩道を埋め尽くすように、いろんなものを売っています。その風景はあきれるぐらい平和そのもの。そこにいる誰もがのんびりしていて幸せそうなんです。

見る人から見れば「落ちていても拾わない」「タダでももらわない」ものかもしれないガラクタの中から、自分だけの掘り出し物を見つけるのが好きで、もう20年以上も宝探しを続けています。

そんなわけで、我が家は「宝物」という名のガラクタで溢れかえっていますが、そこには私なりに大切にしている「ものと上手に付き合う法則」というのがあるんです。

たとえば、私はそのものが「好き」というだけでは選びません。「欲しい」だけでも買いません。綺麗なグラスやお皿、素敵な雑貨、着心地のいい服など、欲しいものに出会ったときや何かを選ぶときは、まず自分に訊ねてみます。

「ちゃんと使いこなせる?」

「どんな時に使う?」

「家に居場所はある?」

「他のものとの相性は?」

いろんな角度から想像をめぐらせて、素敵な風景が浮かんだら「買ってよし!」の合図です。

持っているのに使わない。ずっとほったらかしにしている。なじんでいない。居心地が悪そう。そんな、ものとの残念な関係が「持ちすぎている」という罪悪感に繋がってしまうのかもしれません。それは数のせいではなくて、自分とものとの信頼関係なのです。たとえ使っていなくても、家の中で素敵な風景を作っていれば、それは十分に役割があると思うのです。そうやって選んだものが、それぞれの場所でなじみあうと、ハーモニーが生まれて暮らしに溶け込んでいきます。

たぶん、居心地のいい場所というのは、こうして人とものが響き合ってできあがっていくのだと思います。マルシェの花も蚤の市のガラクタ……いえいえ、宝物も。そう、めざすはすべてのものが、幸せに活きる暮らしです。

とはいえ、ときには何の役にも立たないけれど、ただただ「欲しい！」という気持ちに負けて連れて帰ってくるものもあります。たまにであれば、そんな遊び心も楽しいのです。

もの選びと配置の法則

家の中を見渡すと、
良くも悪くも「そこに住む人」が見えてきます。
日々暮らす場所を自分自身が「素敵」と思えるなら
目に入るもの、よく使うものが愛せるものなら、
自分や家族を良い状態に保つ助けになると思うのです。
何を好きで、
何に心ときめくかを知っていれば、
自ずと居心地のいい空間が生まれます。

「ひとつめの好き」からはじまるもの選び

好きなものに囲まれて暮らすこと、ホッと落ち着ける場所を持つことは、穏やかな暮らしに欠かせないと思っています。私の場合、それがキッチンです。天井にぶら下がっているハーブを入れたかご、コンロの横に並んだキャニスター、コーヒー豆をガリガリ挽くミル、クリスタルのグラス、壁にかかった古時計……、家で使っているものの多くは、蚤の市で見つけてきた古い雑貨です。

25年ほど前に見つけた取っ手のついた水切りザル「コランダー」がそもそものはじまり。キッチンの道具らしくない愛らしい形、アルミのチープな質感。楽しく使えるアイデアがどんどん浮かんできて、見つけた瞬間に一目惚れしました。

その後は、このコランダーと一緒に使って楽しいもの、横に並べてなじむものを選んでいきました。部屋に飾るものも家具も、服も身に付けるものも、基本は同じです。

まず「ひとつめの好き」との出会いからはじまって、次の「好き」につながっていく。この法則でものが集まってくると、いつの間にか好きなものに囲まれた暮らしができあがっていくのです。

25年前に運命の出会いをした「ひとつめの好き」、コランダー。

我が家で使っているキッチンツール。一度に揃えたものではないですが、不思議と調和しています。

フランスこぼれ話

棚の上の青いオブジェは、フランスの通りの名前と番地を示す標識。通り名は、その場所に由来して付けられることも多く、たとえば画家のクロード・モネの家がある通りの名前は「クロード・モネ通り」。

家全体の統一感を大切にしています。我が家では、数字やアルファベットのオブジェを家のあちこちに置いて響き合いを演出。似た質感や形のものを並べることで生まれる、リズムのあるディスプレイなど「ものが作り出すハーモニー」を楽しんでいます。

「連鎖」のポイントは、質感、素材、形、色からの統一感

キッチンの棚の上にある数字のオブジェを窓辺にも。ものが沢山あっても、この方法ならごちゃごちゃ見えません。

“BAR”のオブジェの横には、蚤の市で見つけた古いビールの瓶を並べて、カフェバーの雰囲気に。

キッチンの作業台の壁には“CUISINE”(台所)の文字のオブジェ。台所仕事が楽しくなります。

“BAIN”はフランス語で「お風呂」のこと。廊下の先にある子どもたちのシャワールームに続く場所に。

暮らしのリズムを軽やかにする見せびらかす収納

キッチンだけでなく、アクセサリーも化粧品も服も、日常に使うものは手の届くところに置いておきます。「使いたいときにすぐ！」が暮らしのリズムを軽やかにしてくれるから、インテリアというよりは「使うためにそこに置いてある」という感じに近いかもしれません。

衣替えをしないフランスでは、ワードローブはほぼ一年中同じでハンガーにかけっぱなし。重ね着したり組み合わせを変えるだけです。アクセサリーもすぐに手に取れるところにかけてあって、出かける前に服に合わせてサッと選ぶだけ。

でも、出しっ放しでごちゃごちゃしない？

はい、大丈夫。きちんと選びきったものなら、ステキな風景を生み出してくれます。

階段の下の棚。ここは整理整頓の棚というより自分の好きなものを並べて「楽しさ」を見せびらかす場所。

朝ごはんの食器は白で統一し、キャニスターはアルミ、カゴはワイヤーと素材を合わせています。ガラスコップを積み重ねたキッチンの角は、近くにあるクリスタルグラスの棚と呼応して、ひとつのまとまった風景になります。この「風景のようになじむ」ということが大切なポイント。

アクセサリーは、リビングに置いてあるトルソーに。出かける前に、服に合わせてサッと選びます。

見極めのコツは
暮らしになじむかどうか

あらためて家の中を見渡してみると、私の好きなものひとつひとつは、かなり無表情。食器類やキッチンツールは、アルミ、ワイヤー、透明なガラスや瓶類などが多く、家具やカーテンも白やベージュなどおとなしめの色味で、シンプルなものばかりです。

洋服に至っては、単色無地でプレーンな形のものばかり。ですが、この地味めの連鎖だから、ものが多い我が家でも、なじみ合う風景を作り出せているんだと思います。

あくまでも、ものや家具は、人と一緒に生活してこそ表情が現れてくるもの。まるで白黒写真のように見えるキッチンの風景が、花を置いた瞬間、パッと色づくように。

ワードローブは色も形もシンプルなものばかり。普段着と外出着の使い分けはしません。おめかしのときは、いつもの服にアクセサリーでシックにコーディネートしています。

古くて傷のあるアルミの平鍋も、料理を盛りつけるととても素敵に見えるし、クローゼットにかかっているときは地味でシンプル過ぎるかなあと思う服も、ネックレスをつけた途端にかがやくのです。

私はいつも、日常の中で着たり、使ったり、触ったりしたときに、自分や自分の暮らしになじんで心地よいかどうかを目安に、ものを選んでいます。

そのせいか、旅行先ではほとんど買い物をしなくなりました。バカンスで、浮かれて喜んで買ってきた「素敵なはずのもの」が、日常に戻った途端、「何かが違う?」と感じる残念な経験をくり返してきたからです。

だから旅先でのおみやげは、「現地のおいしい食べものと楽しい想い出」と決めています。

下／旅行先のおいしいものは遠慮なく持ち帰ります。スペインのイベリコハムやイタリアの絶品バルサミコ酢、もちろん帰国したときは、お漬物や明太子も！
右／20年前、NYで買った、子どもたちのイニシャルSとC。これが旅行先で買った最後の「もの」のおみやげ。

好きなものにあふれた我が家でも、この窓辺にだけは小さな花くらいしか置きません。一年を通じて、この窓から見える空の景色、流れ込む風の匂いや陽の光が、私たちの暮らしにとってとても大切だと思うから。

使いまわす、使いきる

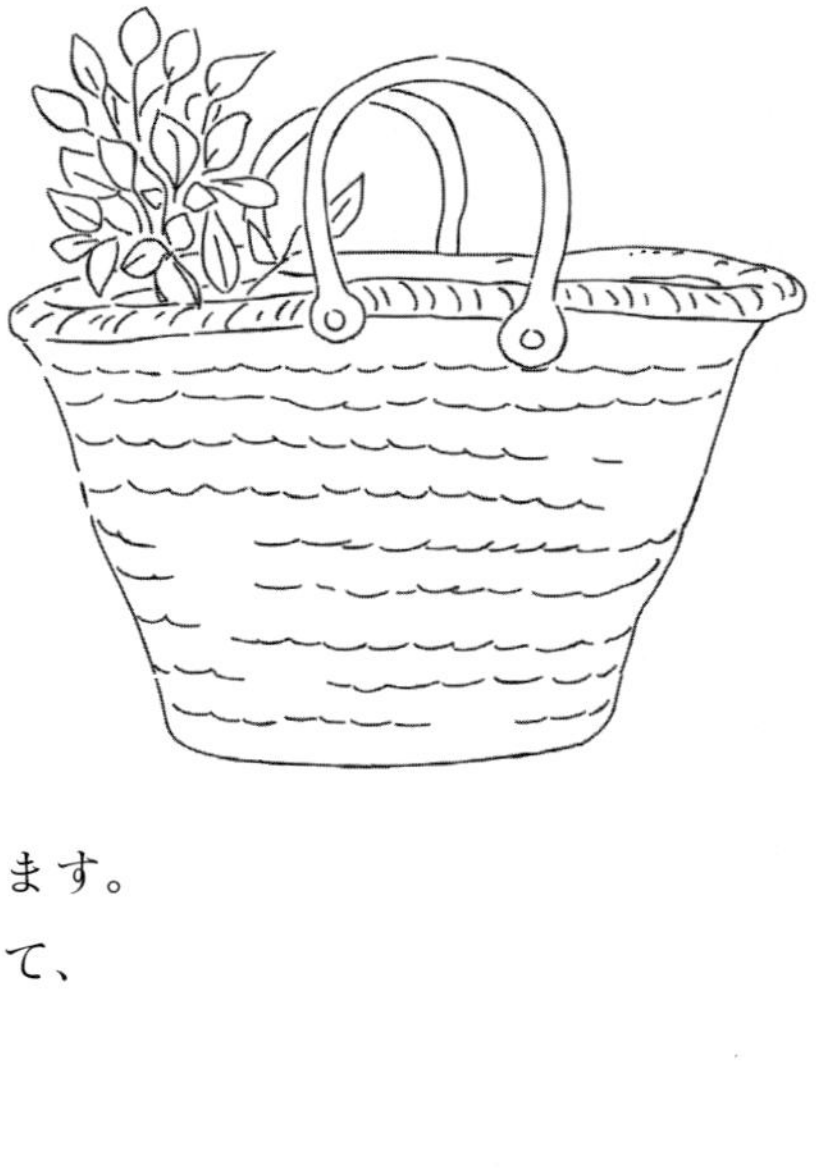

ものとの付き合い方も人と似ています。
時間や空間をともにする仲間として、
愛情を注ぎ、大切にすること。
そんな思いがあれば、
壊れて使えなくなってしまったものでも、
一緒にいられる楽しいアイデアがきっと見つかります。
家にあるものひとつひとつにエピソードが語れるくらい
深く長く付き合っていきたいんです。

自由な発想で使いまわす楽しさ

ずいぶん前に蚤の市で見つけた、両手で包み込めるぐらいの大きさのキラキラしたガラス玉。底の面だけ平らで、細長い穴が10個ほど空いて、何かを差し込むようになっています。

「これはいったい何？」

売っていたおばさんに聞いてみたら「さぁねぇ、昔の筆立てじゃないかしら」と答えてくれました。

さすがフランス。筆立てさえもこんなにエレガント！　使い込んだツヤのある万年筆や優雅な羽根ペンがゆらゆら揺れる古い書斎の風景が目の前に広がって、うっとりしてしまいました。

そんなわけで連れて帰ってきたこのガラス玉、家では筆記用具だけではなく、アイライナーやリップブラシ、小さなハサミや綿棒などを挿して使っています。ごちゃごちゃ散らかりがちな化粧道具が、すっきり片付いて素敵なんです。

ところがこれ、筆立てじゃなかった！

あとでわかったことですが、実はフランス版、生け花の剣山だったんです。たくさん空いた細長い穴は、花を挿し込むためのもの。

そういえば、あのおばさん、説明が曖昧で自信なさげでした。だけど、そんなことあまり関係ありません。どんなふうに使っても素敵です。

思い込みにとらわれない自由な発想や遊び心からは、おもしろいアイデアがどんどん生まれるもの。暮らしの中の昨日の「あれ」が、今日の「これ」になる。そんな発見を楽しんでみましょう。

剣山として使う場合は、水を張った器にガラス玉を沈め、穴の中に1本1本花を挿していきます。花が偏ったり、たおれたりしないので、どんな形の容器でも素敵に花を生けることができます。最近では、これと同様のものが日本でも売られています。インターネットで「ガラスの剣山」で検索すると見つけやすいです。

「ものをたくさん持ちたくないから、一つで何役も」というより、「素敵だからいろんな場面で使いたい」という発想から、化粧道具やペン立てとしても活用しています。

蚤の市で見つけたマドレーヌ型。古いものですが、ちゃんと焼けます。でも我が家では牡蠣用のお皿として使うことのほうが断然多いんです。貝がグラグラしないし、ちょっとユニーク。使わないときはキッチンにディスプレイしています。

一つ二役と言わず……何役でも
主役になったり脇役になったり

銀のワインクーラー。こんなふうに冷やしながらワインを飲むことは滅多にないですが、花を大胆に生けるにはちょうどいい形と大きさ。そして、なにも入っていなくても「置いてあるだけで素敵」という存在感も、もの選びの大事なポイント。

ガラスのカットが美しいコップの底や、編み目のきれいなレース。そんな「きれい」や「かわいい」を見つけたら、クッキーの型として使っています。

いろんな形や大きさのアルミのモールド。お菓子づくりだけでなく、料理にも活用しています。野菜を洗ったり、プレートやお皿代わりにしたり、ソースを入れたり。何より軽いし壊れないし、使いやすいのです。

大切だったものを
これからも大切にできる何かへ

ものにも人にも何にでも、愛着は持っても執着はしない。そんなふうにサラサラ生きられたら素敵だなぁといつも思っています。なんて格好つけてみたけれど、つまりは好きなものを手放せるか、という話です。

たとえば、よく言われることですが、この1年に一度も使わなかったものは、きっと来年も使わない。いつか使うかもと捨てずにとっておいても、その「いつか」がきたためしはほとんどありませんよね。ならば、誰かに使ってもらうか、蚤の市やフリーマーケットで売るか、思い切って捨てるかして、できるだけ「使わないものは持たない暮らし」を心がけたいんです。

だけどそれがなかなかできない。好きなものを手放すって、本当にむずかしい。

そんなとき、むかし母が、着られなくなった自分のセーターをほどいて、姉や私のマフラーに編み直してくれたことを思い出します。まだ小さかった私は、母のセーターが短くなっていくと同時に、くるくる巻く毛糸の玉がどんどん大きくなっていくのをワクワクしながら見ていました。

本来の目的では使わなくなったもの、だけど手放したくないものは、ずっと一緒に居られる方法を考える。これ、やってみると案外楽しいんです。

そんなふうに、大切だったものをこれからも大切にできる何かへ、形を変えて使い切ることができたらいいなあと思います。

◎バッグからごみ箱へ

30年以上前に買った藤製のバッグ。東南アジアでは、魚を獲るときに使うものだそうです。これを背おっていろんな国を旅した私にとって、思い出深いバッグです。ところどころ壊れてほつれてきたけれど、どうしても手放せないので、紐を外して収納カゴやごみ箱として使い続けています。今、背おっているのは4代目。1代目みたいな深みのある色になるまでは、まだまだです。

◎カレンダーからアートへ

版画家である友人が作ったカレンダー。彼女の作品が好きで、毎年、日本から届くのを楽しみにしています。1年が過ぎ、新しい年がやってきても終わりにしたくないから、お気に入りの額に入れて、部屋を彩るアート作品に。

埋もれていた美しさがリメイクで目を覚ます

蚤の市でみかける、壊れて埃まみれのシャンデリアやちぎれたネックレス。うっかり見過ごしてしまいそうですが、これらにも時間に閉じ込められた美しさがあるのです。

黒ずんだガラス玉をていねいに磨くと、生まれたての滴のように輝き、バラバラの真珠も一粒一粒つなぎあわせてみたら、今ではとても手に入らないクラシックな風合いのネックレスに。こんなふうに、埋もれていたものや忘れ去られていたものが、目を覚ます瞬間は本当にワクワクします。

もしかしたら家のどこかに、生まれ変わるときをずっと待っているものがあるかもしれません。たとえば、おばあちゃんのネックレスとか帯留めとか。探しだしてリメイクしてみませんか？

蚤の市で見つけてきた材料を使って、母が素敵にリメイクしています。そのうちのいくつかを友人たちに贈り、喜んでもらったことがきっかけで、ブロカントとオリジナルアクセサリーの店「Chicca」が誕生しました。

◎シャンデリアのクリスタル

バラバラになったガラス玉は、シャンデリアに使われていたもの。一粒一粒光にかざしながら、クリスタル特有の七色の輝きを探し、つなぎ合わせてネックレスとお揃いのイヤリングに。一粒、耳元で揺れるだけでも素敵です。

◎黒のジェット

海の底で何百年も眠り続けた樹木の化石は、漆黒の輝き。ヨーロッパでは、古くから災いを避けるお守りとして身につけていたそうです。そんな伝説も受け継ぎながら、ビーズやアンティクレースなどと組み合わせて、ネックレスやチョーカーに。

◎真珠の首飾り

蚤の市で見つけられるのは、イミテーションパールが多いのですが、それでも微妙に違う色合いや大きさの玉を組み合わせると、乳白色の濃淡を楽しめる、シックなアクセサリーに。

フランス版「紙の再生利用」

スーパーのレジ袋をいち早く廃止したり、エコバックを有料化したりと、環境問題に真摯に向き合うフランス。２０２０年には使い捨てのプラスティック容器やストローを完全に禁止すると決定し、現在でもいろんなものが紙製に変わってきています。もともと、スーパーの野菜や果物は紙袋に入れますし、グラム売りのチーズやバターも紙に包むだけ。卵のケースも全て再生紙。フランスパンは持つ部分に小さな紙をクルッと巻いてくれるだけの、究極の簡易包装です。このシンプルで無駄のない習慣が根付いているのはとても心地いいことです。

マルシェではたくさんの人が昔ながらの買い物かごを持ち、使用済みの紙袋や卵ケースを次の買い物時に持って行って再利用。クシャクシャになった紙袋をお店の人に渡して、買ったばかりの野菜を入れてもらう姿をよく見かけます。それというのも、この紙袋や包み紙、一度使ったぐらいで捨てるのはもったいないぐらい優れものなんです。家でもハーブを乾かすときや調理中にゴミ袋代わりに使ったりしています。

大げさなことでなく、日常の中で自然に表される良心。これは私が見習いたいなあと思う「フランス人の美徳」のひとつです。

マルシェで野菜を買うとかわいい紙袋に入れてくれます。料理の下ごしらえをするときは、この袋を開いてその上で野菜の皮を剥いたり、手作業したり。最後はクルッと包んでゴミ箱へ。とても便利です。

マルシェでよく見かける光景。「使い回すため」の紙袋が山積みになって出番を待っています。

フランスこぼれ話

パン屋のケーキの包み方

もう何十年も前、パリのパン屋さんでケーキをひとつ買ったときの話です。その包み方に胸を「ドキュン」とやられました。さほどフランスに興味があったわけではなかった私が、「住みたい！」と思うきっかけになったと言ってもいいくらい。

小さな厚紙の台紙の上にケーキをひとつ。それを一枚の紙でサッと三角に包み、そのてっぺんをひもでくるくるっとくくって「はい！」って渡してくれたのです。

あまりの可愛らしさに、今でも三角包みをぶらさげて、アパートまで帰ったときの嬉しさを覚えています。

最近では、この包み方をしてくれるパン屋さんにはめったに巡り会えないけれど、見つけたら絶対にお得意さんになってしまいそう。

ほとんどのものが簡易包装のフランスですが、どういうわけかオレンジとレモンだけは、こんなにかわいい薄紙に包んで売られています。

もちろん、紙好きの私は捨てずに大切に保管。小さなプレゼントを包んだりして、日本の友人を喜ばせています。

卵ケースをギフトボックスに使うことも。イースターの季節には、卵の形のチョコレート入れると、とてもかわいいのです。

column

ライオンの刺繍のGジャン

もはや使うことも着ることもできないけれど、どうしても手放せないものがあります。

私が子どもの頃に着ていた、母の手刺繍が入ったGジャン。女の子だったのに、なぜかライオン柄です。

母が大切に取っておいてくれたものを私が受け継ぎ、2人の息子たちにも着せたので、今となっては50年物のヴィンテージ。とてもじゃないけど捨てられません。

「いつの日か、孫が生まれたら絶対に着させたい」という願いも込めて、永久保存と決めています。

私の母は、愛がありすぎてものが捨てられない人です。実家の押入れには、びっくりするほど様々なものがたくさん眠っています。でも、その愛のおかげで、こうして時を超えて大切にしたいものに出会えることもあるんです。

ライオンGジャンを着た3歳頃の長男と次男。1歳半違いの息子たちです。私も1歳半、年の離れた姉がいます。いつも母手作りの服を着て双子のように並んで写る写真がたくさん残っています。そんなアルバムも大切にしたいもののひとつ。

季節の花とともに

さほど代り映えしないいつもの風景に、
季節の花が彩りを与えてくれます。
くり返しの日々にうんざりするときでも、
今にも咲きそうな蕾が
明日の楽しみになってくれることもあります。
それがたとえ窓辺に置いた一輪の花であっても、
可憐に咲いて枯れていく姿で
私たちにめぐる季節を伝え、
「今」という瞬間の大切さを教えてくれるのです。

花のある暮らし 花で伝える気持ち

土曜日の朝のマルシェ。にぎわう人波の中で、一人で買い物をする男性をよく見かけます。奥さんから頼まれた買い物リストとカゴを片手に、慣れた様子で食材を選ぶ姿はとてもチャーミング。いいなぁ、と思う日常の風景のひとつです。

そんな彼らが、よく買い物の最後に立ち寄るのが花屋さん。そこでひまわりなど大ぶりの花を1輪だけとか、チューリップのようなかわいらしい花を何本も花束にして買って帰る姿を見かけます。

誕生日でも結婚記念日でもない、いつものマルシェの帰りぎわに、花屋に立ち寄るスマートさ。頼まれていなくても、さらりと花を選んで買い物カゴのすみに差し込む心遣いもまたチャーミング。「花束」が決して特別なものではなく、「ただいま」や「ありがとう」の言葉の代わりとして、暮らしの中にとけ込んでいるんだろうなぁ。そんな後ろ姿を眺めては「素敵！」と、こっそり呟いているわけです。

で、私はというと、フランス生活30年。主人から花をもらったことは一度もありません。が、それでもいいんです。眺めて素敵と感じる風景と、私の日常で感じる心地よさは、必ずしも同じでなくていいのですから。

私は、もらうよりも自分で花を選ぶほうが好きです。パンや野菜と一緒に花束を放り込んだ買い物かごを引っぱりながら家に帰る、土曜の朝。

さぁ、今日はどんな風に花と遊ぼうか。週に一度の大切な習慣です。

我が家の玄関の色は、少しグレーがかった青。ブルターニュの海沿いの町に行くと、この色に縁取られた窓の家が立ち並んでいます。私にとっては、「おかえり」と出迎えてくれる色です。

花選びも「ひとつめの好き」から

たとえば、この日のひとつめは「緑のアジサイ」。あとは一緒に生けて素敵になる花を選んでいきます。 花の大きさには強弱をつけ、色味には緩やかなグラデーションを効かせると花束の表情が豊かになります。一度にたくさんの色を欲張らないことも、全体がまとまりやすくなるポイントです。

色味のある花を選ぶときは、同系色でまとめるようにしています。花束としてのきれいさだけでなく、部屋の中でまわりとなじむか、ということも大切だから。

◎花を長持ち させるために

マルシェで売られている花は、畑から摘んできたばかりで根や土がついたまま。その野生的な生命力を助けるためにひと手間かけます。

水に浸かる部分の葉を全部取ります。もったいないけれど、思い切って葉を取り除くことで花が長持ちします。すっきりしたら、サッとシャワーで水浴びさせます。汚れを洗い流すと同時に水を含んでシャキッとします。

「あっ！それ捨てないで！」

作業中に折れたり、ちぎれて短くなってしまった花も、根元を細めの紐でまとめて可愛い花束に。

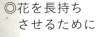

背の高い花を生けるときは、存在感のある大きな花器に。素材がガラスの場合は、葉を落としすっきりさせることも美しく見えるポイント。

花の形によって器を選ぶ

器は花瓶に限りません。
花の形や茎の長さに合えば、
ワインクーラーやガラスの灰皿、
使わなくなった食器でも大丈夫。

ワイヤーかごにコップを入れて花を挿しています。野原で摘んできたような花は、こんな自由な生け方がぴったり。籐かごでも同じようにできます。

食器としては使わなくなったスープの器。ガラスの剣山(p93)を使って楽しい表情に。オアシス(生け花用スポンジ)でも同様に生けることができます。

折れたりちぎれてしまった花は、高さのない器に生けるとテーブルのアクセントに。写真は古いガラスの灰皿。もっぱら花器として活用しています。

秋色アジサイのドライフラワーを使って、リースを作ります。10cmほど残した茎をリース用の木のリングに刺していくだけ。気をつけることは、乾燥している花びらを壊さないようにするぐらい。材料はリングと花だけです。

ドライフラワーのリース

!

アジサイの種類によってはドライフラワーに不向きなものがあります。秋色アジサイは枯れて水分が抜けたあとも花の形をキープでき、色も残ります。

玄関を飾る花のアーチ

ユーカリの枝など、ドワイフラワーになりやすく、やわらかくて長さのある枝を使うと、扉にかける花のアーチを簡単に作ることができます。お正月やクリスマスの季節には、ナンテンやヒイラギなどの飾りを足して華やかに演出。特別じゃないときでも、玄関をこんなふうに飾ると、家に帰ってくるのが楽しくなります。

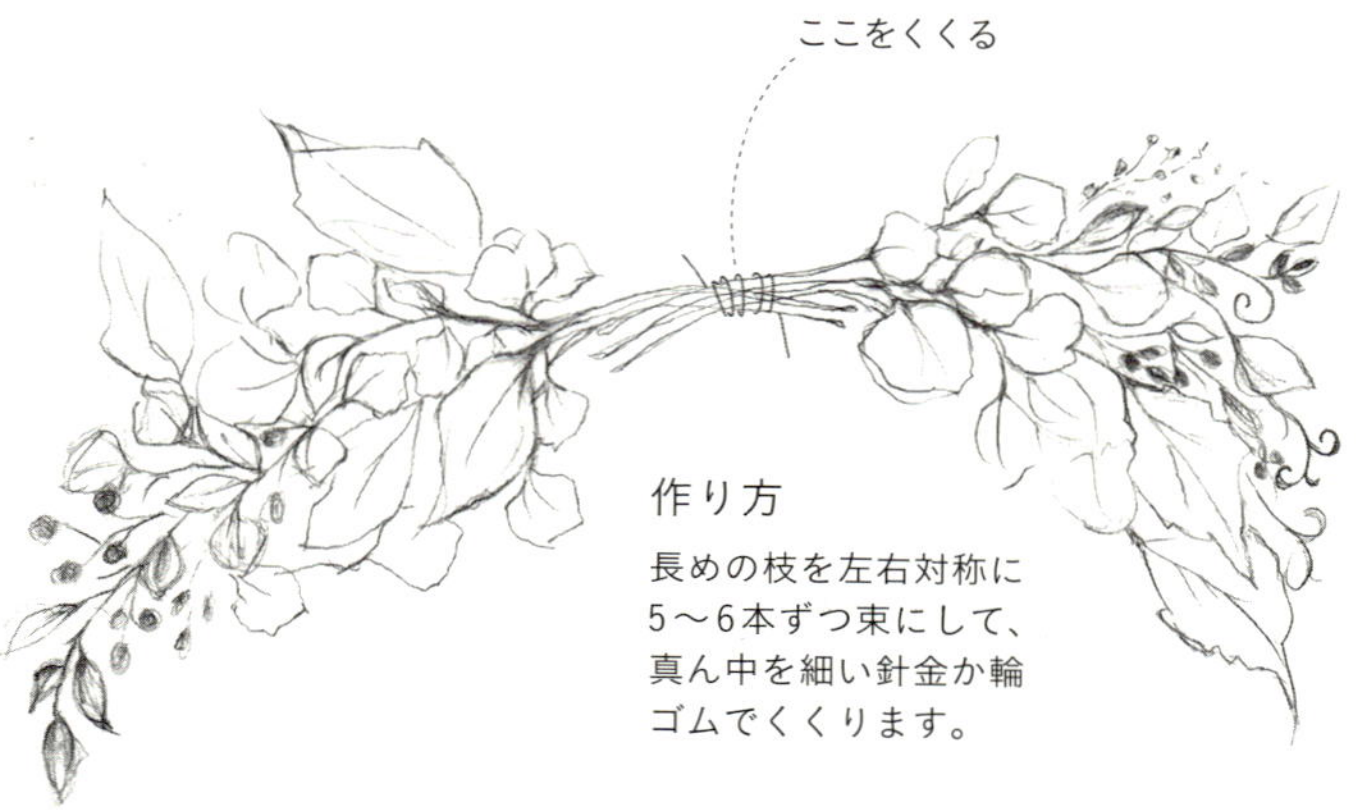

作り方

長めの枝を左右対称に5〜6本ずつ束にして、真ん中を細い針金か輪ゴムでくくります。

おわりに

もう、ずいぶん昔の話。

結婚を機にフランスへやってきた私が日本から持ってきた荷物は、大きなトランク、たったひとつだけでした。

いくつかの季節を越すのに困らない程度の服と身のまわりのもの。読みかけの本数冊と好きな曲を録音したカセットテープ。家族や友達と一緒に写した思い出の写真。日本の味が懐かしくなるから持って行けと友人がくれた梅干しと、母手作りの佃煮。そして大切に使っていた雑貨をほんの少しだけ。ちょっと長めの旅に持っていく荷物と変わらないぐらいの、「愛着あるもの」だけを放り込んだあのトランクと一緒にはじまった生活は、もう32年が過ぎようとしています。

もちろん、長い年月を過ごした今、私はどんな大きなトランクにも入りきらないぐらいの「もの」に囲まれて暮らしています。家族が増えるたびに、好きなことが増えるたびに、楽しいことが増えるたびに、愛着のあるものもやっぱり増えていくものです。

それでも結局あの頃も今も、私とものとの付き合い方はそんなに変わっていないのかもしれません。あのときの「トランク」が「家」に変わっただけで、その中に自分が選んだ好きなもの、大切なものを放り込んでいく。そしてそんなものたちと機嫌よく暮らしていく。私の毎日の暮らしは、今も昔もそういうことなんだと思います。

知らない国で暮らし、子どもが生まれたり、仕事をはじめたり、新しい言葉を覚えたり。今、振り返ればあっという間の出来事のようにも思えますが、やっぱり、私なりにいろんなことを積み重ねてきた日々でもあります。

ただ、私はたまたまフランスにいることで「特別」と思われることもありますが、日々くり返されることは、どこに住んでいても、何をしていても、そんなに変わりはしないものです。

その中で、悩んだり迷ったりしながらも、家族と想い想われ、一緒に大きな笑顔で過ごせれば、それが一番幸せと心から思います。


めったにない「特別」よりも、圧倒的な「日常」こそが大事。

これは、同じような毎日を繰り返しながら、私が見つけた大切な思いです。そのことを誰かに伝えたくて、本書『今日も明日も楽しい暮らし』をつくりました。

遠く離れた日本から、私たちの暮しを見つけてくださったWAVE出版の大石さん、そして最初から最後まで寄り添ってくださった編集者のみさこさん、無理なお願いにも根気よく対応してくださったデザイナーの葉田さん、そして、本を書く勇気をくれた姉の眞紀ちゃんに、心からの感謝をおくらせてください。本当にありがとうございます。

この本を書きはじめた日から書き終わるまで「こんな普通の生活が本当に本になるのか？」と半信半疑ながらも、見守り続けてくれた主人や息子たちにも、愛を込めて「Merci beaucoup」。

この本を手にとってくださったみなさんに、私なりの「楽しい暮らし」をお届けすることができたなら嬉しいです。

高橋ミナ

Les recettes

Le menu

p23
卵いらずのかき揚げ

材料(2人分)
エビ…6尾
タマネギ…１個
ニンジン…小$\frac{1}{2}$本
ズッキーニー…$\frac{1}{2}$本

小麦粉…80g
水…100cc
マヨネーズ…小さじ2
塩…少々
だしの素…少々
揚げ油…適量

① 野菜類は長さ5～6センチの千切りに、エビは殻と背わたを取って一口サイズに切る。
② ボウルに①を入れ、小麦粉をまぶしながら加えて、最後に手で混ぜる。
③ 塩、だしの素を加えた後、水とマヨネーズを入れて軽くかき混ぜる。
④ 170℃の油に③を落し、中火でゆっくりと両面を揚げる。

point!　材料全体に小麦粉をまぶした後に水を入れることで、軽い食感になります。

Mémo
揚げる前に塩やだしの素で軽く味付けしてあるので、そのままでおいしく食べられます。天つゆはもちろん、ゴマだれやタルタルソースとも好相性です。

p25 シュリンプ＆チップス

材料（2人分）
エビ…12尾
ジャガイモ…2個
塩…少々
こしょう…少々
揚げ油…適量
A
卵…1個
小麦粉…大さじ5
水…40cc
パン粉…適量

① 殻と背わたを取ったエビに軽く塩とこしょうをふり、くるんと丸めて爪楊枝で刺す。
② Aを混ぜ合わせ、①をくぐらせてパン粉をまぶし、180℃の油でカラッと揚げる。
③ 爪楊枝を抜いて、一口大に切って素揚げしたジャガイモ、ブロッコリーなどとともに盛り付ける。

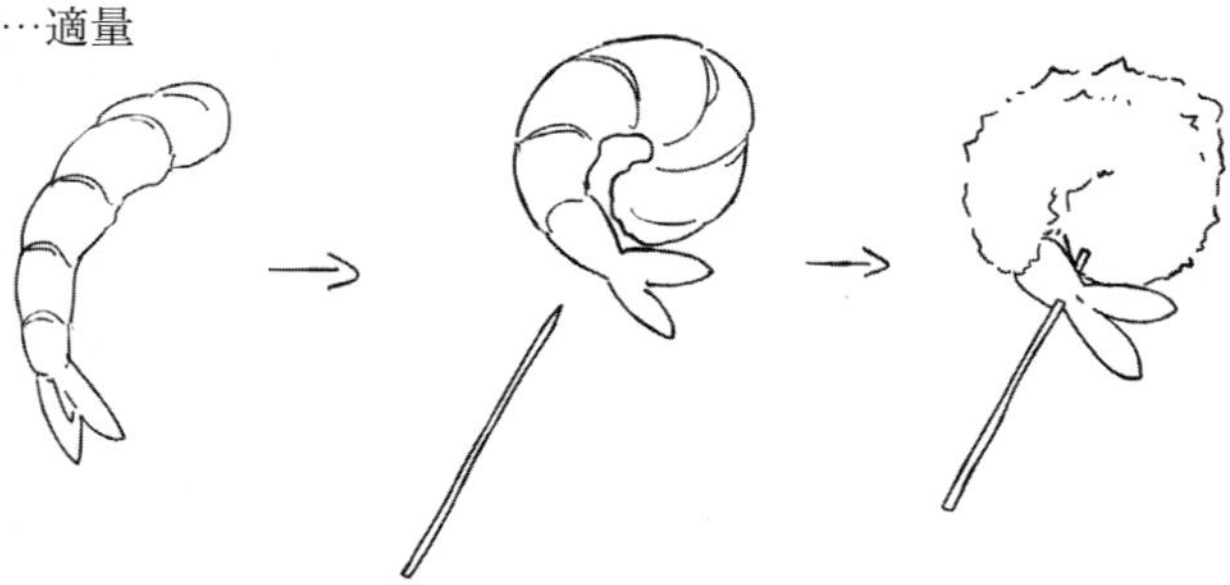

p25 簡単エビチリ

材料（2人分）
エビ…12尾
ブロッコリー…1/4株
※他のゆで野菜でもOK
塩…少々
こしょう…少々
トマトケチャップ…適量
エスニックソース…適量
揚げ油…適量
A
卵…1個
小麦粉…大さじ5
水…40cc

① 殻と背わたを取ったエビに、軽く塩とこしょうをふって味を調える。
② Aを混ぜ合わせ、①をくぐらせて、180℃の油でカラッと揚げる
③ トマトケチャップとエスニックソースを混ぜ合わせ、エビチリソースを作る。
④ お皿にソースを敷き、揚げたてのエビとゆでたブロッコリーを盛り付ける。

p27 バニラクレープ

材料（5枚分）
A
小麦粉…50g
卵…1個
牛乳…150cc
砂糖…10g
塩…少々
バニラエッセンス…少々
※バニラアイスでもOK
バター…適量

① Aを混ぜ合わせ、冷蔵庫で30分ほど寝かせる。
② 中火で熱したフライパンにバターをひき、お玉1杯分の生地を流し込み、素早く厚みを均一に広げる。
③ 生地の縁に焼き色がついてきたら、菜箸を使ってひっくり返す。
④ 弱火にして、表面に少し焼色がつくぐらいまで焼く。

point! 薄く焼き上げるコツは、生地を硬くしないこと。ミルクセーキぐらいのシャバシャバした感じが目安です。

p28 イチゴのゼリー

材料（2人分）
イチゴ…200g
板ゼラチン…5g
水…200cc
砂糖…30g
レモン汁…少々

point! ③のゼラチン液を目の細かいザルなどでこすと、口あたりがなめらかになります。

① 板ゼラチンを水（分量外）に10分ほど浸けてやわらかくする。
② イチゴを軽く洗って水気を拭き取り、食べやすい大きさに切って容器に並べる。
③ 水を入れた鍋を弱火にかけて砂糖を溶かし、①とレモン汁を加えてよく混ぜ合わせる。沸騰させるとゼラチンが固まりにくくなるので注意。
④ 鍋底に氷水を当てて冷やし、静かにかき混ぜながらとろみをつける。
⑤ イチゴを並べた容器に、④を静かに流し入れて、冷蔵庫で冷やし固める。

Mémo
イチゴ以外の果物でも同じ手順で作ることができますが、キウイやパイナップル、オレンジやグレープフルーツなどの柑橘類は、生のままではゼラチンが固まりにくくなります。その場合は、果物を1分程度加熱してから使用するか、予め熱処理されている缶詰を使用しましょう。

p33 自家製ガーリックオイル

材料(油500cc分)
ニンニク…１個
菜種オイル…500cc
※サラダオイルでもOK

① ニンニクをみじん切りにする。(フードプロセッサーを使うと便利！)
② 菜種オイルと①を弱火にかけ、焦がさないようにゆっくり火を入れる。
③ フツフツと細かい泡が出なくなったところで火を止める。
④ 余熱が冷めたら瓶に入れて冷蔵庫へ。
※１ヶ月ほど保存可能

Mémo
炒め物に使用する際は、ニンニクが焦げやすいので最後の仕上げに使いましょう。オイルそのものにしっかり火が入っているため、食卓に置いて「味のアクセント」として使うほうがおすすめです。ソテーしたお肉やパスタ、餃子や焼肉のタレなどにかけると、味にインパクトが出ます。

p34 タイの瞬間アヒージョ！

材料(2人分)
タイの生食用…200g
ニンンク…2かけ
アスパラガス…適量
※ブロッコリーなどでもOK
塩…少々
こしょう…少々
オリーブオイル…適量

① アスパラガスをゆでて水にさらし、水分を拭きとる。
② お皿に薄切りにしたタイと①を並べる。
鍋にオリーブオイルとニンニクを入れ、焦げないように弱火で熱する。
③ ニンニクがこんがり色ついたら取り出して②のお皿に置く。
④ 最後に強火でオイルの温度を熱々にして③に「ジャッ！」と一気にまわしかける。
塩の他、お好みで唐辛子やハーブなどをパラパラとふりかけてもおいしい。

p45 オニオンマリネ

材料(タマネギ3個分)
タマネギ…3個
A
米酢…200cc
砂糖…80g
塩…30g
だしの素…小さじ1

① タマネギを薄くスライスする。
② 鍋にAを入れ、砂糖と塩が溶けるまで火にかける。瓶に①を入れて、②を注ぐ。
③ 粗熱が取れたら冷蔵庫で保存する。
※1ヶ月ほど保存可能

point! Aの調味液の代わりに、市販のすし酢を使ってもOK。

Mémo
紫タマネギを使うと綺麗なピンク色のマリネになります。辛みの少ない新タマネギを使うときは、スライスを少し厚めにしてシャキシャキした歯ごたえを味わうのもおすすめです。

p48 基本のマリネ液

材料
オニオンマリネ＋オリーブオイル…1：1の割合
バルサミコ酢…適量
ハーブ(タイム、ローリエなど)…適量
こしょう…適量

オニオンマリネ(同ページ上段)とオリーブオイルを同量合わせて、お好みでバルサミコ酢やハーブ、こしょうなどで味を調えます。
漬け込む具材の量に合わせて、その場でパパッと作りましょう。

Mémo
オニオンマリネがあればすぐに作れるので、作り置きする必要はありません。焼いたり炒めたりした野菜をマリネ液に漬け込むだけで、一味違ったおかずのできあがり。

p48 パプリカのマリネ

材料(2人分)
赤パプリカ…2個
ニンニク…1かけ
基本のマリネ液(p122)
…適量

① パプリカを半分に切って種を取り出し、オーブントースターで皮が丸焦げになるまで焼く。
② 水の中で①の黒く焦げた皮をサッとむき、水気を軽く拭いて食べやすい大きさに切る。
③ みじん切りにしたニンニクと②をマリネ液に漬け込み、冷蔵庫で冷やす。※4〜5日は保存可能。

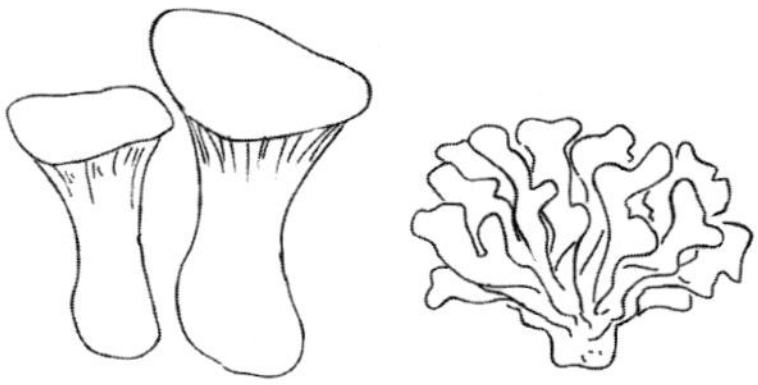

p48 キノコのマリネ

材料(2人分)
キノコ(シメジ、エリンギ、マイタケなど)…200g
ニンニク…1かけ
オリーブオイル…適量
基本のマリネ液(p122)
…適量

point!　キノコは弱火で炒めると水っぽくなるので、強火で一気に炒めましょう。

① キノコを食べやすい大きさに割く。
② フライパンにオリーブオイルとつぶしたニンニクを入れて、弱火にかける。
③ ニンニクが色づいたら取り出して強火にし、フライパンが熱くなったところで一気に①を炒める。
④ 軽く塩で味を調え、キノコに焼き色がついてしんなりしてきたら火を止める。
⑤ マリネ液と④を和え、冷ましてから冷蔵庫へ。※4〜5日は保存可能。

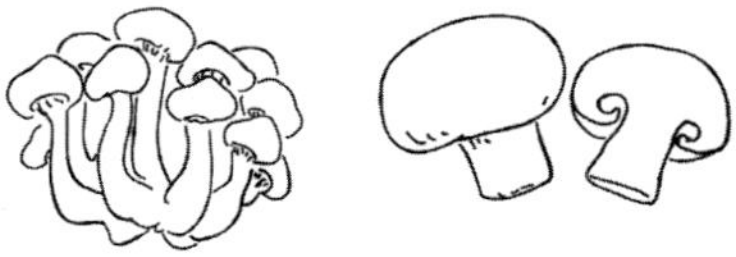

p48 ニンジンのマリネ

材料(2人分)
ニンジン…2本
干しぶどう…適量
基本のマリネ液(p122)
…適量

① ニンジンを5cmほどの長さの千切りにする。
② マリネ液、干しぶどう、①を和えて冷蔵庫へ。※4〜5日は保存可能。

point!　一晩置くと、味がなじんでおいしくなります。

p49 マリネ液で焼き上げるローストポーク

材料(3〜4人分)
豚肉ブロック(ロース)
…300g
A
ニンニク…2〜3かけ
塩…少々
こしょう…少々
基本のマリネ液(p122)
…適量

① Aを合わせて豚肉を漬け込み、冷蔵庫で半日から一晩ほど寝かせる。
② 焼く1時間ほど前に冷蔵庫から出して、常温に戻す。
③ 200℃のオーブンで20分ほど焼く。

point! 焼き過ぎに注意! 串で刺して透明な肉汁が出たら、後はオーブンの余熱で仕上げましょう。少し焼きが足りないときは、ハンドバーナーで炙って仕上げてもOKです。

Mémo
①の状態で冷凍保存もできます。一度に下ごしらえして冷凍しておくと、忙しい日の晩ごはん作りに役立ちます。

column

肉料理に役立つオニオンマリネ 残った調味液はピクルスに!

サラダにしたりドレッシングにしたり、なにかと重宝するオニオンマリネ。この本では、オリーブオイルやハーブと合わせて基本のマリネ液を作り、下ごしらえの調味料として使う方法もご紹介しました(p122〜123)。マリネ液にはお酢がたくさん入っているので、お肉の下ごしらえに使うと酸っぱくなりそうですがその心配はいりません。

むしろこのお酢にこそ、お肉をやわらかく、プリプリに仕上げる力があるのです。上の段でご紹介した「ローストポーク」の他、チキンやビーフでも大丈夫。食感が良く、奥深い味わいの肉料理ができます。

オニオンマリネの玉ねぎを使い切り、お酢が残ってしまったら、一口サイズに切ったキュウリやラディッシュ、ニンジンやパプリカなどの野菜を漬け込んでみてください。これだけで即席のピクルスのできあがり!簡単すぎで心配になるほどですが、これもなかなかおいしいんです。

p52 マグロのたたき

材料(2人分)
マグロ(柵)…200g
ツマ(オニオンスライス、ワカメ、刻みネギ、シソ、レモンなど)…適量
薬味(ショウガ、ニンニク、ゴマなど)…適量
塩…適量

① マグロに塩をふってなじませる。
② 金属トレーまたは耐熱容器の上で、①の4面に軽く焦げ色が付くまでハンドバーナーで炙る。
③ 冷蔵庫に入れて軽く冷やす。
④ マグロを8㎜ぐらいの厚みに切り、好みの野菜や薬味を盛り付ける。

Mémo

「たたき」といえば「カツオのたたき」が有名。これを本格的に作るときは、炙った後、氷水に晒して冷やしますが、私はそのとき手に入った魚をバーナーでガーッと一気に炙って、粗熱が取れたら冷蔵庫で冷やすだけ。ずいぶん工程を省いていますが、これだけでも十分においしいです。

p56 シーフードカレー

材料(2人分)
カレールー(p55)…300g
シーフード(エビ、ホタテ、イカなど)…150g

① オリーブオイルをひいたフライパンにシーフードを入れ、強火で炒める。
② 軽く火が通ったら具材を取り出して、カレールーを加える。
③ カレールーが温まったら具材をフライパンに戻し、ルーとともに煮立たせる。

Mémo

チキンやビーフなど、他の具材でも同様の作り方でおいしくできます。カレールーには野菜がたっぷり入っていますが、ゴロンとしたジャガイモやニンジンがお好きな方は、一口大に切ってゆでた野菜を③の工程に加えてください。

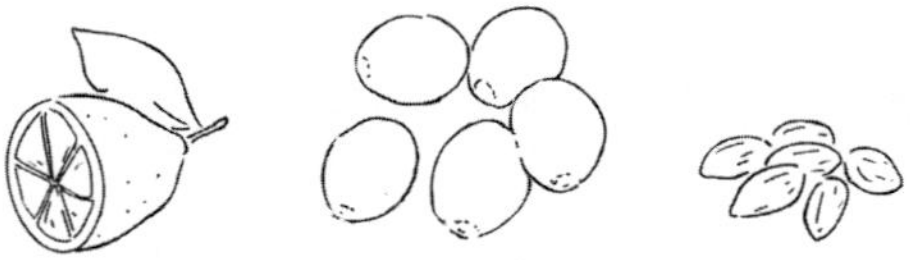

p64 自家製タプナード

〈黒のタプナード〉材料

A

黒オリーブ(タネを取り除く)…10個
アンチョビ…4切れ
ケッパー…10粒
ニンニク…1かけ
干しぶどう…3粒

B

オリーブオイル…大さじ4
レモン汁…適量
ハーブ…適量
塩…適量
こしょう…適量

〈緑のタプナード〉材料

A

黒オリーブ(タネを取り除く)…10個
ナッツ(アーモンド、
カシューナッツなど)…10粒
ケッパー…10粒
ニンニク… 1かけ

B

オリーブオイル…大さじ4
レモン汁…適量
ハーブ…適量
塩…適量
こしょう…適量

① Aの材料を細かく刻む。
② AとBを器に入れ、混ぜ合わせる。

point! たくさん作るときはフードプロセッサーを使うと便利。小瓶に入れて、最後にオリーブオイルを垂らして膜を張るようにして冷蔵保存すると、1週間ほどはおいしくいただけます。

Mémo
黒と緑のオリーブをベースとするのが基本ですが、代わりに焼きなす、ドライトマト、赤パプリカ、などをペースト状にして使ってもおいしいタプナードができます。また、オリーブのタプナードと混ぜ合わせてもおいしい。

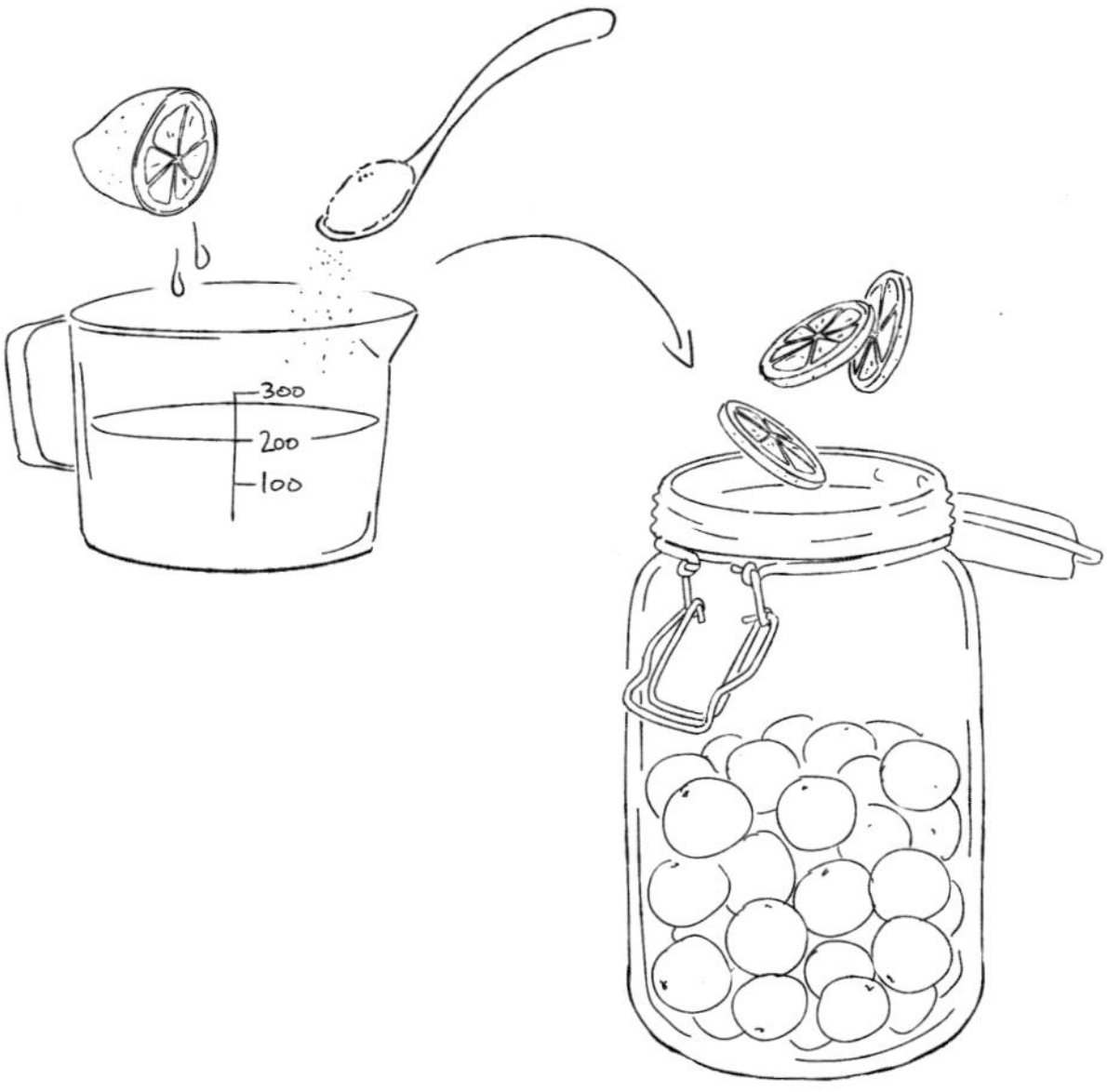

p68 トマトのシロップ漬け

材料(20個分)
ミニトマト…20個
水…200cc
砂糖…100g
レモン…１個
(½個分レモン汁・
½個分スライス)

① トマトの皮を湯むきして水を切り、保存容器に入れる。
② 鍋に水と砂糖を入れ、溶けるまで軽く温める。
③ レモン汁とレモンスライスを②に加え、トマトの入った保存容器にそそぎ入れて冷蔵庫へ。※4〜5日は保存可能。

point!　トマトを湯むきするときは、熱湯にサッと通して皮がはじけたらすぐに水にさらします。ゆでてしまわないように注意しましょう。

Mémo
シロップはかなり甘めですが心配いりません。漬け込んだトマトはレモンの酸味と合わさり、ほんのり甘い仕上がりに。特に、2日目以降は味がなじんでおいしいので、冷たいデザートにもぴったりです。見た目もかわいいのでお客様にも喜ばれる一品。シロップをゼラチンで固めると華やか度がアップします(p69)。

高橋ミナ

フランス在住。嵯峨美術短期大学ヴィジュアルデザイン科卒業。美術大学予備校の講師、母校の広報室のデザイン助手などを経て、バックパッカーで単身ヨーロッパへ。スイス、ドイツ、フランス、スペイン、モロッコ、イタリアなどを放浪後、結婚。現在、ブルターニュ地方レンヌにて、夫とともに日本食レストラン「Fuji」を営む。週に一度、蚤の市に通い、収集したアンティークやブロカントとともに、アンティークビーズなどを使ったオリジナルアクセサリーを制作・販売する「Chicca」を運営。日常を楽しむセンスのいい暮らし方に人気が集まっている。
Chicca　http://chiccafrance.com/

今日も明日も楽しい暮らし

2019年10月30日　第1版　第1刷発行

著　者　高橋ミナ
発行所　WAVE出版
〒102-0074　東京都千代田区九段南3-9-12
TEL 03-3261-3713
FAX 03-3261-3823
振替 00100-7-366376
E-mail: info@wave-publishers.co.jp
http://www.wave-publishers.co.jp
印刷・製本　萩原印刷

NDC596　127p　21cm
ISBN　978-4-86621-238-8